多様な子どもたちの
発達支援
園内研修ガイド

特性を理解して支援する
環境づくり

for Windows
CD-ROM
付き

藤原里美 ● 著

Gakken

はじめに

「この子の保育は、どうしてうまくいかないのだろう？」
「どうしていつもこうなっちゃうのだろう」
「わたしって保育者に向かないのかな？」
　……保育者の方々のつぶやきが聞こえてきます。
　でも、これらは特別な支援を必要とする子どもたちのつぶやきと同じです。
「どうして友達とうまくいかないの？」
「どうしていつも怒られるの？」
「ぼくって、だめなのかな？」
　こうしたつぶやきを聞くたびに、わたしは皆さんに伝えたくなります。あなたは悪くもないし、だめでもないよ。ただ、知らないだけ。「発達の特性」について、そしてその特性に応じた支援方法（工夫やアイディア）について……。

　保育士になって5年目に、自閉症のある子どもの担任になったわたしもまた、「この子の保育はどうしてうまくいかないのだろう」と、毎日つぶやき、悩んでいました。
　子どもの言動が理解できない……子どもの発達を支える保育者にとってこれほどつらいことはありません。「だれかわたしにこの子のことを教えて！」「どこに行けば教えてもらえるの？」……今から30年ほど前、まだそんな時代でした。

そのときから学び続け、今、ようやく多様な発達をする子どもたちに何が起こり、どう支援すればいいのかを、人に伝えることができるようになりました。出会ってきた子どもたちとご家族から教えられたことを大切に、日々、保育の現場をサポートしています。そしてそこで出会った保育者の皆さんとの協同作業が、この本につながっています。

　本書は、療育専門の保育者が実践してきた発達支援を保育現場に生かしていただくために作りました。人材育成、研修プログラムをステップ・バイ・ステップで学べるように再構築しました。また、学んだ内容を職員間で共有し、そのうえで支え合い、つながり合う保育を実践する大切さも盛り込みました。

　子どものことがわからず困っている人がいたら、この本を手に、皆さんで学び合い、支え合ってください。子どもについて学べることの幸せを、皆さんはすでに知っているはずですから。

　出会えた方々に感謝を込めて。

2015年6月

藤原里美

もくじ

はじめに … 2
本書の構成 … 6

Step 1 困った行動のとらえ方 … 7
これだけは知っておこう！　**発達障がいの基本** … 8
研修　**発達の多様性を知る** … 12
- レクチャー・氷山モデルで考えよう　● ワーク1・認知の偏りを体験してみよう
- ワーク2・行動理由の仮説を立ててみよう

Step 2 子どもの行動観察と記録 … 17
これだけは知っておこう！　**子どもの行動観察のポイント** … 18
研修　**観察のポイントと記録の方法を学ぶ** … 24
- ワーク1・固有覚を体感してみよう　● ワーク2・ビデオから観察、記録してみよう

Step 3 特性に合わせた環境支援 … 31
これだけは知っておこう！　**「構造化」とは** … 32
研修　**子どもにわかりやすい環境を考える** … 36
- レクチャー・「構造化」の基本を知ろう　● ワーク1・子どもに合った環境の工夫を探そう
- ワーク2・自分自身を振り返ってみよう　● ワーク3・4つの視点で環境チェック

付録CD-ROM収録のイラストデータを使って　**見てわかる環境づくり** … 42

Step 4 困った行動への適切な対応 … 45
これだけは知っておこう！　**行動の意味と注目のパワー** … 46
研修　**ほめて育てるコツを学ぶ** … 50
- ワーク1・困った行動の意味を考えよう　● レクチャー・良い行動を増やし、困った行動を減らすには
- ワーク2・注目のパワーを上手に使おう　● レクチャー・良い行動を引き出す声のかけ方・ほめ方

Step 5 子どもの社会性を育てる … 57
これだけは知っておこう！　**乳幼児期の社会性の発達** … 58
研修　**社会性の発達のポイントを学ぶ** … 60
- ワーク1・子どもの発達状況を評価してみよう　● レクチャー・ソーシャルルーティンのあそびとは
- ワーク2・ソーシャルルーティンのあそびを探そう　● レクチャー・心の理論について知ろう
- ワーク3・コミック会話をかいてみよう

Step 6 就学に向けた支援 … 67
　　　これだけは知っておこう！　特別支援教育 … 68
　　研修　特別支援教育と就学支援を学ぶ … 72
　　　●ワーク1・子どもの就学先を検討してみよう
　　　●ワーク2・就学支援シートを記入してみよう

Step 7 子どもの多様性に合わせたあそび … 79
　　　これだけは知っておこう！　子どもの認知・知覚 … 80
　　研修　発達を促すあそびを考える … 84
　　　●レクチャー＆ワーク1・5つの力の理解と実践
　　　●ワーク2・子どもの発達に応じたあそびを考えてみよう

Step 8 保護者の支援 … 91
　　　これだけは知っておこう！　自己理解と他者理解 … 92
　　研修　効果的なコミュニケーション法を学ぶ … 94
　　　●ワーク1・自分のタイプを理解し、苦手をカミングアウトする
　　　●レクチャー・自己理解と他者理解　●ワーク2・タイプの違う人の相談に乗ってみよう

Step 9 ケーススタディで支援法を見出す … 101
　　　これだけは知っておこう！　ケーススタディの基本 … 102
　　研修　インシデントプロセス法を実践で学ぶ … 104
　　　●スタディ1・ケース紹介　●スタディ2・質疑応答（発表者への質問）
　　　●スタディ3・グループ討議　●スタディ4・発表　●スタディ5・支援方法の決定

Step 10 個別の支援とクラス運営 … 111
　　　これだけは知っておこう！　個別の支援計画とクラス保育 … 112
　　研修　多様な子どもたちのいるクラスの計画立案 … 114
　　　●ワーク1・個別の支援計画を立案、記録してみよう　●ワーク2・クラス運営について話し合ってみよう

付録CD-ROMをご使用になる前に … 122
絵カード・予定表・コミュニケーションツールに使えるイラスト素材一覧 … 123

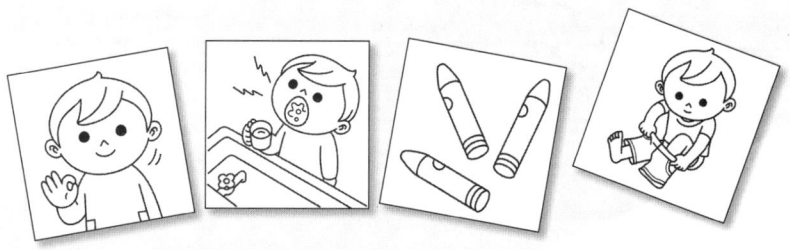

本書の構成

本書には、子どもの発達支援についてさまざまな視点から学べるよう10回の研修プログラムを掲載しています。Step1からStep10まで段階を踏んで理解が進むようなラインナップで、各Stepは以下のような内容構成となっています。付録のCD-ROMに収録されている配付資料とともにご活用ください。

各Stepの研修を行う前に知っておきたい基礎知識をまとめてあります。
参加者がその内容を理解していることを前提にその後の研修プログラムが組まれているので、必要に応じてこのページをコピーするなどして、参加者に事前に目を通してもらうとよいでしょう。

各Stepのテーマに添って研修の進め方をシナリオ形式で掲載しています。
講師や司会などファシリテーターとして研修をリードしていく方には、そのまま活用できる構成となっています。
各回約75分の実施を想定しています。
毎月1Stepずつ行ったり、1日2〜3Stepで数日間の集中講座にしたり、各現場の状況に合わせてプログラムを組んでみてください。

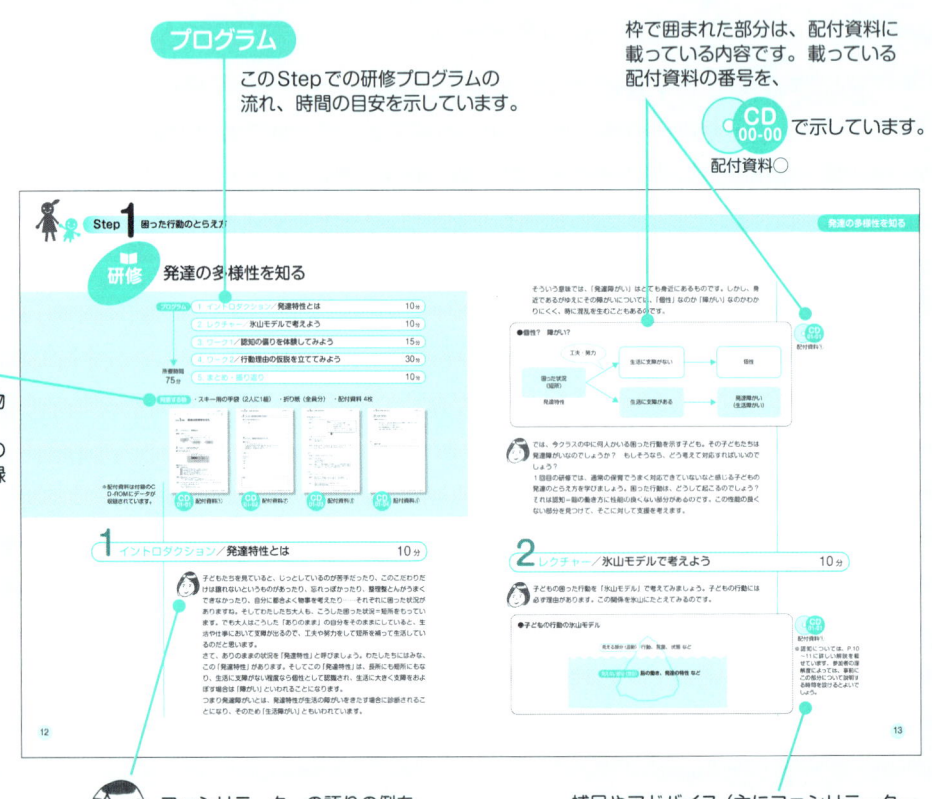

Step 1 困った行動のとらえ方

発達の多様性を知る

子どもたち一人一人に適切な支援を行うため、10回の研修を通して学んでいきます。まず1回目は、子どもの困った行動をどうとらえていけばよいのか……発達の多様性を知るところから始めていきましょう。

A先生（保育3年目）
友達とのトラブルが多い、乱暴する、落ち着きがない、パニックを起こす……などなど、**支援が必要な子がクラスに何人かいて、とにかく保育が大変です**。わたしの力不足と思うのですが。

講師
クラスの中に支援が必要な子どもが複数いると、うまくいかないのは当然ですよね。

配慮しているつもりでも、なかなか良い方向に進まないのです。

まず子どもの困った行動の理由をつかむことが大切です。乱暴な行動もパニックも、必ず理由があるからです。

でも、**その理由がつかめないことが多くて**。

その理由は、脳の働き方にあります。子どもの脳の働き方を学ぶことが、発達の多様性を理解するということになります。

多様性？　ですか。

そうです。標準的な発達をする子と、標準から大きく離れた発達をする子、いろいろな子どもがいます。障がいかどうかという視点ではなく、本来子どもの発達は多様であるととらえると、自然に子どもに応じた支援ができると考えるのです。

確かに、一律に保育をするのではだめだと感じています。

子どもの発達は多様……という前提で、保育を営めるように研修で学んでいきましょう。

7

Step 1 困った行動のとらえ方

これだけは知っておこう！ 発達障がいの基本

発達特性のある子どもを理解するために、まずは発達障がいの基本を確認したうえで、研修1回目のテーマでもある「認知」について知っておきましょう。

発達特性と発達障がい

支援が必要な子どもが1割いるといわれる今、クラスに2、3人は「ここが気になるなあ」という発達特性のある子どもがいるのではないでしょうか。その「気になり度」が、同年齢の子どもたちと比較して大きく、生活しにくさにつながってしまう場合、発達障がいという診断を受ける子どももいます。

診断には、スペシャルなニーズをもつ子どもということを周囲の大人が共通認識するというメリットがあります。しかし、重要なのは診断名ではなく、どんな発達特性があるかを理解すること。その子どもの発達特性を知ることで気になる行動の原因が見えてきて、それにより支援法を考えることができるのです。

「発達特性＝障がい」ではありません。また本書でも、診断名から支援法を導くといったことはしていません。ただ、個々の特性をとらえるうえでは、発達障がいの知識が役に立ちます。子どもの育ちにかかわる専門家として、まず、発達障がいの基本的なところを確認しておきましょう。

発達障がいの特性

発達障がいは、脳の働き方に偏りがあるため、物事のとらえ方や行動に目立った違いが現れ、そのことで日常生活に困難が生じる状態で、ここでは主として知的障がいのない4つの発達障がいについて、簡単に示します。

●自閉症スペクトラム

主な特性は、社会性・コミュニケーションが年齢相応に育ちにくく、限定された興味やこだわりがあるということ。対人関係のもち方により、4つのタイプに分かれます。
- 孤立型…1人でいるのを好む。人とかかわるということがよくわからず、人を道具のように扱うことも
- 受動型…人と積極的にかかわるわけではないが、かかわられるのは嫌がらない。いちばん適応はよいといわれるが、本人のストレスに注意が必要
- 積極型…人と積極的にかかわろうとするが、かかわり方が一方的
- 四角四面型…まじめでルールに厳格であり、融通が利かない

発達の多様性を知る

●注意欠如多動性障がい（ADHD）

　主な特性は不注意・多動・衝動性で、それらが年齢・発達に不釣り合いで、12歳以前からあり、複数の場所で一貫して見られます。不注意が目立つタイプと、多動・衝動性が目立つタイプ、両方とも見られるタイプがあります。
- 不注意…注意の配分がうまくいかず、忘れ物・なくし物が多い、すぐ注意がそれる、日課が定着しない　など
- 多動…じっと座っていられない、座っていても手足がそわそわ動く、しゃべりすぎる　など
- 衝動性…順番を待てない、質問が終わる前に答え始めてしまう　など

●学習障がい（LD）

　聞く、読む、書く、計算する、推論するなど、特定の学習能力を習得することに困難があります。個人の中の能力の偏りが大きく、学習面で努力してもどうしてもできないことがあります。本格的な学習が始まる小学校入学以降になってから気づくことが多く、幼児期は特定な分野だけが苦手なので発見が遅れがちということも。能力が高い部分もあるため、できないのは本人の努力不足と思われ、子どもはつらい思いをすることが多くなります。

●発達性協調運動障がい

　筋肉や関節の動き、視覚、聴覚など体の機能に障がいがないにもかかわらず、体の部分を協調して動かすことが難しく、うまく運動できません。走ったり跳んだりといった「全身運動」、はさみを使ったりボタンを留めたりといった「手先の運動」、スキップ、縄跳び、楽器の演奏など「組み合わせ運動」のどれがうまくいかないかによってタイプが分けられます。

Step 1 困った行動のとらえ方

発達障がいの基本

認知とは

ここまで、脳の働き方の偏りによって現れることの一つとして発達障がいについて見てきましたが、ここからは、その脳の働き方を、「認知」という概念でとらえて考えます。まずこの「認知」について理解しておきましょう。

●認知とは、環境から情報を受け取り、脳で処理して行動に移す過程

わたしたちは、環境から情報を受け取り、脳の中で処理して、行動に移しています。この作業の過程を「認知」といい、その働きとして、「感覚」「記憶」「思考」の3つがあります。

例えば、保育者が「はさみとのりを取ってきて」と子どもに言います。すると子どもは「耳でその言葉を聞き取り」「"はさみ"と"のり"という2つの物を覚え」持ってくるという行動をとります。このとき、「感覚」と「記憶」を使って行動しています。

次に、はさみとのりを使って工作が始まりました。ところが、子どもは、はさみで切る場所を間違えてしまいました。

子どもは、「間違えたけど、大丈夫。先生に言えばもう1枚紙をくれるから」と考え、「先生、紙をちょうだい」と伝えます。このときは、「思考」と以前の経験を思い出すという「記憶」を使っています。

発達の多様性を知る

　この一連の流れの中で「先生の言葉が正確に聞き取れない」という感覚の不具合や、「2つのことを覚えられない」という記憶の弱さ、「間違えたら絶対だめ」という思考の偏りなど、それぞれの認知に1つでも不具合があると、スムーズに行動に移すのは難しくなります。「先生の指示がわからず、もしくは覚えられずはさみとのりを持ってこられない」「間違えるとパニックになる」など困った行動として現れます。
　この困った行動と認知を「氷山モデル」の理論で考えると、理解が進みます。
　氷山というのは海に浮かんでいる氷の塊ですが、わたしたちが見ているのは、ほんの一部にすぎません。実は大部分が海の中に隠れているのです。
　この目に見える部分を子どもの行動として考えると、行動だけを見て理解できることは少ししかないということになります。その行動の背景には、海の中にある氷の塊のように多くの理由があるのです。
　そして、この海の中にある理由が、「認知」ということになります。**子どもの困った行動は、この認知の偏りが原因と考えてみましょう。**ここに不具合があると、目に見える現象──行動が問題となってきます。

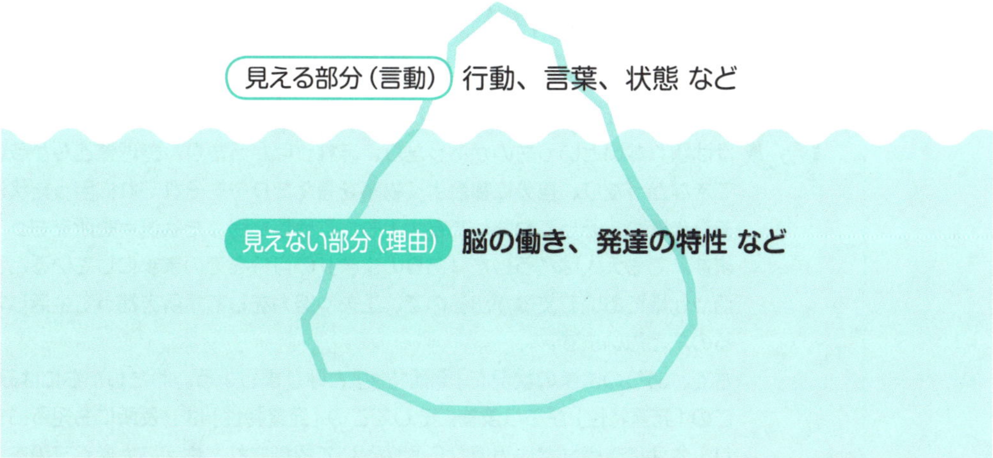

見える部分（言動）行動、言葉、状態 など

見えない部分（理由）脳の働き、発達の特性 など

Step 1 困った行動のとらえ方

研修　発達の多様性を知る

プログラム

1. イントロダクション／発達特性とは		10分
2. レクチャー／氷山モデルで考えよう		10分
3. ワーク1／認知の偏りを体験してみよう		15分
4. ワーク2／行動理由の仮説を立ててみよう		30分
5. まとめ・振り返り		10分

所要時間 **75分**

用意する物　・スキー用の手袋（2人に1組）　・折り紙（全員分）　・配付資料 4枚

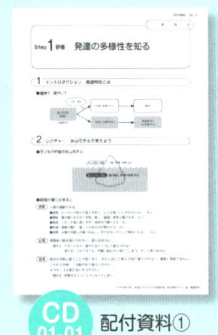
CD 01-01　配付資料①

CD 01-02　配付資料②

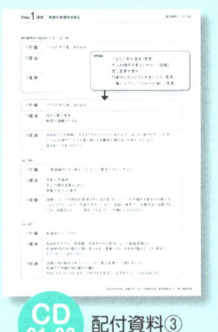
CD 01-03　配付資料③

CD 01-04　配付資料④

※配付資料は付録のCD-ROMにデータが収録されています。

1　イントロダクション／発達特性とは　　10分

子どもたちを見ていると、じっとしているのが苦手だったり、このこだわりだけは譲れないというものがあったり、忘れっぽかったり、整理整とんがうまくできなかったり、自分に都合よく物事を考えたり……それぞれに困った状況がありますね。そしてわたしたち大人も、こうした困った状況＝短所をもっています。でも大人はこうした「ありのまま」の自分をそのままにしていると、生活や仕事において支障が出るので、工夫や努力をして短所を補って生活しているのだと思います。

さて、ありのままの状況を「発達特性」と呼びましょう。わたしたちにはみな、この「発達特性」があります。そしてこの「発達特性」は、長所にも短所にもなり、生活に支障がない程度なら個性として認識され、生活に大きく支障をおよぼす場合は「障がい」といわれることになります。

つまり発達障がいとは、発達特性が生活の障がいをきたす場合に診断されることになり、そのため「生活障がい」ともいわれています。

12

発達の多様性を知る

そういう意味では、「発達障がい」はとても身近にあるものです。しかし、身近であるがゆえにその障がいについては、「個性」なのか「障がい」なのかわかりにくく、時に混乱を生むこともあるのです。

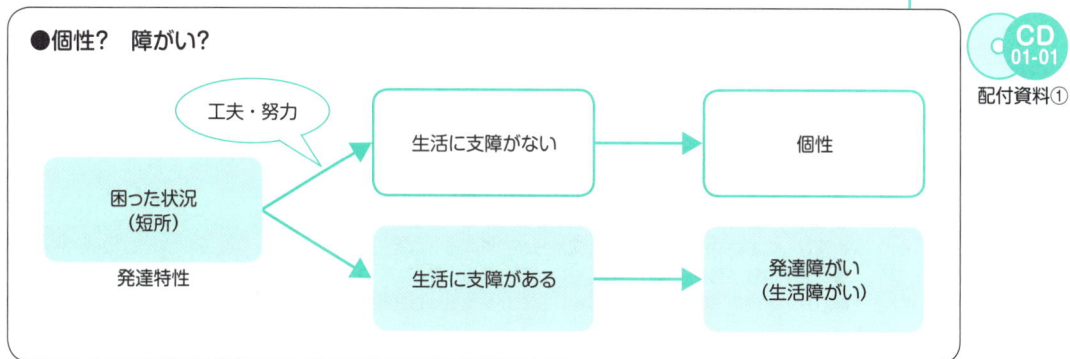

●個性？　障がい？

CD 01-01
配付資料①

では、今クラスの中に何人かいる困った行動を示す子ども。その子どもたちは発達障がいなのでしょうか？　もしそうなら、どう考えて対応すればいいのでしょう？
　1回目の研修では、通常の保育でうまく対応できていないなと感じる子どもの発達のとらえ方を学びましょう。困った行動は、どうして起こるのでしょう？　それは認知＝脳の働き方に性能の良くない部分があるのです。この性能の良くない部分を見つけて、そこに対して支援を考えます。

2 レクチャー／氷山モデルで考えよう　　10分

子どもの困った行動を「氷山モデル」で考えてみましょう。子どもの行動には必ず理由があります。この関係を氷山にたとえてみるのです。

●子どもの行動の氷山モデル

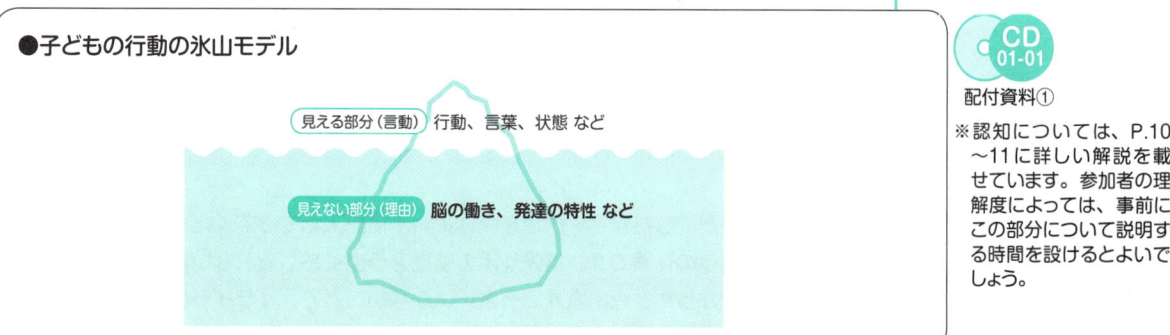

CD 01-01
配付資料①

※認知については、P.10〜11に詳しい解説を載せています。参加者の理解度によっては、事前にこの部分について説明する時間を設けるとよいでしょう。

13

Step 1 困った行動のとらえ方

目に見える海面上の氷を困った行動とすると、その行動は見えない海面下の氷＝認知の状態が原因だととらえます。それでは、認知の状態——偏りを、感覚、記憶、思考の3つの働きからとらえてみましょう。
配付資料①を見てください。

配付資料①

※感覚の視点として、5感のほかに固有覚・前庭覚がありますが、それらについては、Step2で取り上げます。

●認知の偏りがあると……

(感覚) 5感が過敏である。
- ●視覚…たくさんのものが見えすぎて、どこを見ていいかわからない　など
- ●聴覚…音が聞こえすぎて不安、怖い、極端に苦手な音がある　など
- ●嗅覚…においを強く感じすぎて気持ちが悪くなる　など
- ●味覚…偏食が強く、食べられるものが限られる　など
- ●触覚…木綿の洋服しか着られない、タグがちくちくして耐えられない　など

(記憶) 保育者の話を覚えられない、思い出せない。
　　　　例えば…やることを3つ言われると1つしか覚えられない
　　　　　　　　覚えることはできても、行動し始めると忘れてしまう、そして思い出せない

(思考) 自分の予測と違うことが起こると、それに対して考えが切り替えられない、柔軟に思考できない。
こだわりが強く、行動が切り替えられない。
ネガティブな考え方になりやすい。
　　　　例えば…失敗するとパニックになってしまう

3 ワーク1／認知の偏りを体験してみよう　15分

では実際に、認知の偏りがどういうものか、体験してみましょう。
2人組になり、1人がスキー用の手袋をして、折り紙で鶴を折ってみましょう。
もう1人は、それを見て励ます役です。
このとき、励ます役の人は、頑張って折っている相手に対して「まだ折れないの？」「早くしなさい」など、あえて急がせるような声かけをしてください。折れなくてもどかしい気持ちと、焦る気持ちを体験してもらいます。
1人が折り終えたら、役割を交替して行いましょう。

（各自折ってみる）

いかがでしたか？　感想を配付資料②に記入してみてください。これは、感覚の偏りの体験です。指先や手の感覚をうまく感じられないため、思うように折れなかったと思います。うまくいかないことで、イライラしたり、焦ったりしましたね。

発達の多様性を知る

　認知の偏りがある子どもは、こうした体験を日常的にたくさんしています。しかし、そのイライラや焦り、不安を上手に大人に伝えることができません。子どもの困り感を想像して、多様性に対応するようにしていきましょう。

4 ワーク2／行動理由の仮説を立ててみよう　　30分

　認知の偏りについて体験してみました。この体験を基に、子どもの行動の理由を、認知の偏りから推測し、仮説を立ててみましょう。
ワークシート（配付資料②）に沿って記入していきます。
①まず、子どもの示す困った行動を1つ、①行動の欄に記入してください。
②次に、その行動の背景（理由）を「感覚」「記憶」「思考」の視点から探ってみましょう。まずは、思いつくままMEMO欄に書き出してから、取捨選択して②理由の欄に記入するとよいと思います。3つの視点がよくわからない場合は、配付資料③の記入例を参考にしてみてください。
③最後に、行動の原因についての仮説を立て、③の欄に記入してみましょう。

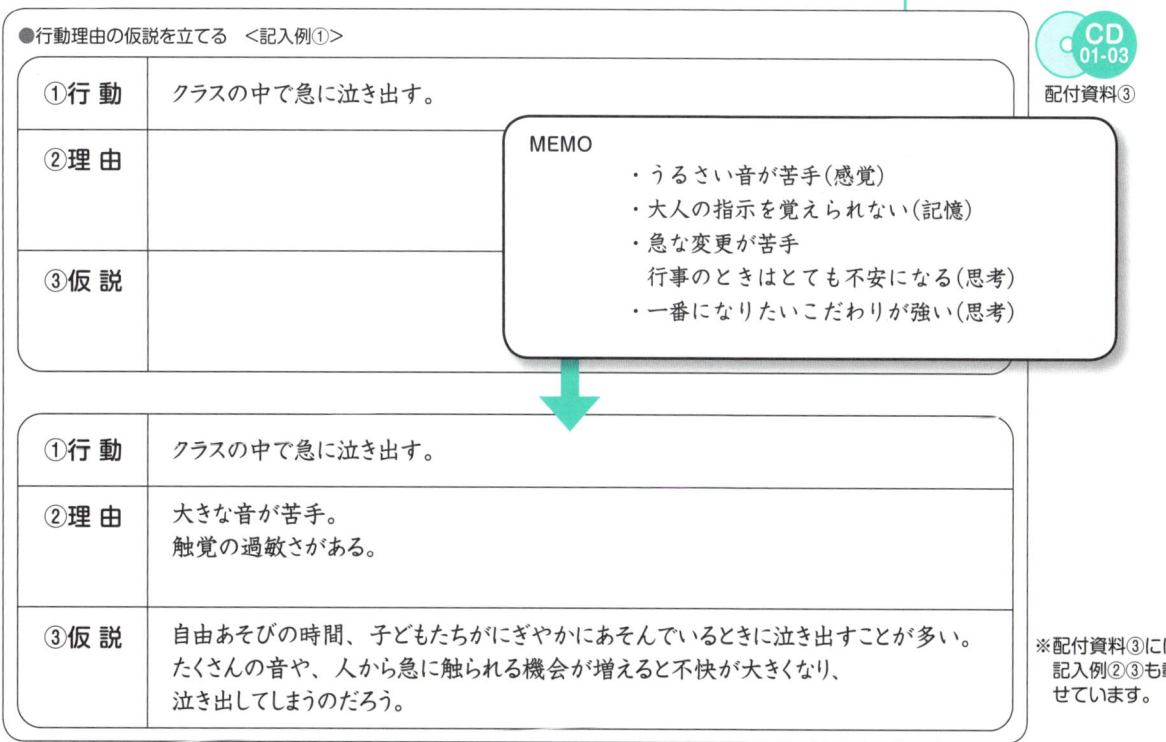

※配付資料③には記入例②③も載せています。

Step 1 困った行動のとらえ方

※参加人数が多い場合は、4人程度のグループになり、グループ内で発表を共有します。

（記入し終わったら、それぞれ順番に発表してもらう）

困った行動の理由を「感覚」「記憶」「思考」の視点から探ると、これまで思っていなかった仮説が出てきましたね。
感覚の過敏さに関しては、苦手な感覚から一定時間離してみる、記憶の問題には覚えられるように、思い出せるように見てわかる支援を入れてみる、思考の問題には活動の流れを予告しておく、変更の際は事前に了解を得ておく、「失敗は成功のもと」という理解を育てておくなどが考えられます。具体的な支援の方法については、今後の研修で学んでいきましょう。

5 まとめ・振り返り　　10分

※振り返りチェックは、各項目の下線部分を空欄にして、記述式のチェックにしてもよいでしょう。

※時間があれば、感想の前に質疑応答を行うとよいでしょう。すぐに答えられないこともあると思いますが、その場合、次回までの検討課題とすることでより理解が深まります。

※感想・質問は書いて提出してもらっても。配付資料④に記入欄があります。

今回は、脳の働き方、発達の多様性について学びました。配付資料の最後に、今回の研修の振り返りチェック欄があります。チェックしてみてください。
発達の多様性は子どもだけでなく、大人も同じということも理解されたと思います。だれでも脳の性能が良い部分と性能のあまり良くない部分をもっています。それが、得意と苦手ということになります。
苦手が大きく、生活に大きく支障をきたすと障がいかも？　と認識されるのです。そうなるとより多く支援が必要になりますね。しかし、大切なのは診断ではなくその子の発達の状態をとらえることです。その状態に応じた支援ができるように、これからさらに学びを進めていきましょう。

では最後に、今日の研修の感想を皆さんに発表してもらいましょう。

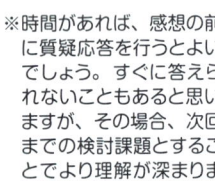

※著者が実際に研修を行った際の受講者の声です。

- 認知というのは初めて知りました。子どもの行動の理由を、脳の働き方から考えるというのは、なるほどと腑に落ちました。
- わたしも、忘れることが多く、記憶の不具合があるということを実感しました。日ごろメモを活用するなど工夫をしていることを考えると、子どもにも見てわかる支援をするべきだと思いました。
- スキー用の手袋をすると、こんなにも感覚が違うのだということがよくわかりました。子どもの感覚の多様性に目を向けてみようと思いました。また、感覚についてもっと学びたいと思いました。

16

Step 2 子どもの行動観察と記録
観察のポイントと記録の方法を学ぶ

1回目の研修で、子どもの行動には氷山のように目に見えない部分があることを学びました。発達の多様性を受け入れて支援するために、次のステップに入りましょう。

前回は、「認知」の理解と、発達の多様性について学びましたが、どうでしたか？

子どもの表面的な行動だけに目を向けずにその背景に何があるのかを考えるようになりました。感覚や記憶のしにくさや考え方のくせなど、今まであまり意識してこなかったので、「目からウロコ」でした。

子どもの発達を援助するためには、脳の働き方を学ばなくてはいけないということですね。

はい、そのことがよくわかりました。ただ脳の働き方は目に見えないので、子どもの状態をどう観察し、評価すればいいのかわかりません。どんな状態があると感覚が過敏と判断されるのか、記憶する力が弱いのかが、わかるのでしょうか。

そうですね。見えない部分を評価するための観察ですね。
2回目の研修はその観察のポイントと方法論を学びましょう。

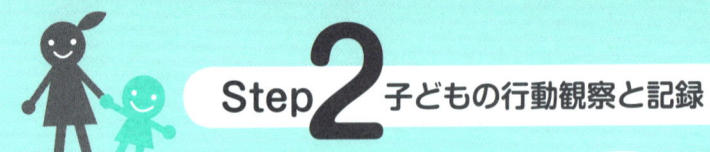

Step 2 子どもの行動観察と記録

これだけは知っておこう！ 子どもの行動観察のポイント

このStepでは、子どもを観察する視点として、「感覚」「記憶」「コミュニケーション能力」「興味・理解」「集中力・思考のくせ」を挙げています。
まずこの5つの視点について、基本的な理解をしておきましょう。

1 感覚の視点

子どもの行動を観察し理解するために最初に考えるべきことが「感覚」の視点です。困った行動の背景には、これら感覚の問題が隠れていることが多いのです。

●感覚（5感と2覚）とは？

ここでいう感覚とは、「視覚」「聴覚」「嗅覚」「味覚」「触覚」のいわゆる5感と、体の内側に感じる2つの感覚（2覚）、「固有覚」「前庭覚」です。
「固有覚」は、筋肉や関節に感じる感覚で、体の位置や動くときの力の入れ方（加減）を理解するために使います。「前庭覚」は、内耳にある三半規管に感じる感覚で、自分の頭の位置を感じ体のバランスをとったり姿勢を保ったり、動くときのスピードを理解するために使います。この2つの感覚がうまく働かないと、座る、立つ、歩く、走るといった日常的な動作がスムーズにできません。行動も落ち着きがなく多動に見える、もしくは動きが少なく活動が低下しているように見えます。

18

観察のポイントと記録の方法を学ぶ

●感覚に偏りがあると……

感覚の偏りは大きく2つに分かれます。1つは感覚が入りにくい鈍感タイプで、もう1つは感覚が入りすぎる敏感タイプ。いずれも感覚の偏りが強いと、不適応な行動につながりやすくなります。右表に5感と2覚それぞれについて鈍感・敏感の偏りによって見られる姿の例を挙げました。

感覚	鈍 感	敏 感
視覚	動いているものを目で追いかける、つかまえることが苦手	周囲のものをあちこち見てしまい気が散りやすい
聴覚	人の声の聞き取りが苦手 呼んでも振り向かないことがある	大きな音・特定の音が苦手
嗅覚		「くさい」とよく訴える
味覚		極端な偏食がある
触覚	けがをしても痛がらない なんでも手で触る	ふれられることを嫌がる 粘土・泥・砂あそびなどを嫌がる 歯磨き・つめ切りを嫌がる
固有覚	必要以上に力を入れてあそぶ 不必要なときに跳びはねたりする つま先立ちで歩いている 物をそっと持つ・扱うことが苦手	ひじやひざなど関節にうまく力が入らない（体がぐにゃぐにゃしている印象） しっかりと力を入れて物を持てない
前庭覚	回転するものを見つめることが多い 頭を振る・体を揺する行動がよく見られる	滑り台や階段を下りるのを怖がる バランスを崩しやすい 転びやすい 姿勢が崩れやすい

●支援のポイント

感覚の偏りが見られる場合、鈍感タイプには本人の好む感覚を満足するように入れ、敏感タイプは苦手な感覚を避ける、もしくは軽減するというのが対応の基本です。

具体的な方法として、鈍感な場合には運動あそびや触感を楽しむあそびで適切に感覚を取り込みます。また、跳びはねたり体を揺すったりし続ける子には、その動きを止めるより、外側から筋肉や関節に感覚を入れる（押す・軽くたたく・強めになでてギュッと力を入れる）ようにするとよいでしょう。

視覚や聴覚が鈍感で保育者の話が入りにくい場合は、より注意が向くよう個別に目を合わせたり体を触ったりして話しかけることも必要です。

敏感タイプには、5感を通して入ってくる情報や刺激の量を減らすため、保育室内の棚を布で覆い隠す、ついたてなどで仕切る、大人の声や動きを制限するなど環境の見直しが大切です。服のタグやのりなど特定の感触に過敏な場合も、タグは切り取り、スティックのりにするなど、できる限り苦手な物にふれないよう配慮をしていきます。

また、2覚の敏感な子どもは、動きたがらず、体の力を抜いてごろごろしていることが多いので、その子の安心できる感覚を見極めてあそびを設定し、自分からあそび出すのを待ってみます。様子によってはごろごろしているのもあそびととらえて見守るなど、安心することで過敏さを軽減させる視点も大切です。

Step2 子どもの行動観察と記録

子どもの行動観察のポイント

2 記憶の視点

　脳の器質として「記憶できない」、「思い出せない」がゆえに起こる行動があります。そのため、子どもの「記憶の力」がどのくらいなのかという視点が必要になります。

●ワーキングメモリとは？

　ここでいう記憶の力とはワーキングメモリのこと。情報を記憶し処理する能力で、脳のメモ帳ともいわれ、大きくは2つに分かれます。
- 聴覚性・言語性ワーキングメモリ…言葉での指示を覚える、言葉を学ぶ、文章を理解するなどで使う
- 視空間性ワーキングメモリ…パターンや映像によるイメージを覚え、活用する

　幼児のワーキングメモリ（一度に覚えられる事柄）は意外に少なく、5歳児で1～2つといわれています。

●記憶に偏りがあると……

　ワーキングメモリがうまく働かないと、言ったことを覚えられない、もしくは忘れてしまうため、大人の指示がうまく伝わらないという印象になります。

　例えば、「はさみとクレヨンを持ってきて」と声をかけても、1つしか持ってこない、もしくはまったく違う物を持ってくる、何も持ってこない……といった姿です。また、作業手順を覚えられないので、朝の支度がなかなかできなかったり、着替えが進まなかったりということもあります。

　なお、子どもによって「聴覚性・言語性ワーキングメモリ」と「視空間性ワーキングメモリ」の2つの容量が大きく違う場合があるため、言葉の指示は伝わらなくても、視覚的に示すと伝わるということもあります。

●支援のポイント

　見て確認できたり、思い出したりできるような支援が必要になります。具体的には、朝の支度や作業手順を文字や絵で示したり、物を片付ける場所に、絵や写真をはったりといった工夫が考えられます。

観察のポイントと記録の方法を学ぶ

3 コミュニケーション能力の視点

　要求・拒否を伝えられることが適切な行動につながります。このスキルがあるかどうか、表情、しぐさ、声の調子など非言語のコミュニケーションも含めて見ていく必要があります。

●要求・拒否を伝えるスキルとは？

　応用行動分析という理論では、不適切な行動を示す子どもは適切なコミュニケーションを学んでいない、もしくは間違って学習していると考えます。さまざまなコミュニケーション能力の中でも大切なのは、「○○してほしい」「○○したい」「○○が欲しい」という要求、「いやだ」「できません」という拒否、「手伝って」「教えてください」という援助要求を伝えるスキル。これらを身につけることで、大人に適切に支援され、自立した行動がとれるようになり、ひいては人との良好な関係性や適切な行動につながります。

●コミュニケーション能力に偏りがあると……

　子どもは、要求や拒否を伝えることができなければ不安で、適切な行動が難しくなってしまいます。例えば、おもちゃを貸してと言えずに黙って取ってしまいトラブルになる、「やりたくない」ことが伝えられずに部屋を出ていってしまう、という姿として現れます。
　なお、スキルとして獲得していても、周りから承認されないと感じると、要求や拒否をスムーズに出すことができません。相手との関係性も踏まえて見ていくことが大切です。

●支援のポイント

　伝えるスキルが身についていない場合は、どうすればよいのかを教えて練習することが大切です。一方、スキルは獲得しているけれどその力を出せない場合は、安心して表現できるような環境を用意する必要があります。

Step 2 子どもの行動観察と記録

子どもの行動観察のポイント

4 興味・理解の視点

子どもは興味のあることにはいつも以上の力を発揮します。そのため興味の視点は大切で、その活動への理解度とあわせて見ていくことが重要です。

●興味・理解とは？

興味とは、活動への興味があるか・ないかということ。理解は、その活動の全体像をイメージし、流れを把握できているかという視点です。

発達が順調に進んでいる子どもは、大人が提案した活動に「面白そう」と興味をもち、多少理解できなくてもやってしまいます。そして興味のあることにはいつも以上の力を発揮します。興味がその活動に向かうパワーとなり、理解を促進し、適応行動につながるのです。

●興味・理解に偏りがあると……

子どもの中には、「初めてのこと」は得体の知れない「不安なもの」ととらえる子がいて、理解が難しければやろうとしません。活動への興味・理解がもてないと、不適切な行動につながってしまい、集団活動に参加できなかったり、暴れたり騒いだりして活動をかき乱すような姿として表れることもあります。

●支援のポイント

まず、日ごろから子どものあそびや会話を注意深く観察し、どんなことに興味をもっているかを把握しておきます。そして活動の中にその子が興味をもっているものを取り入れるとよいでしょう。例えば、乗り物が好きな子には、フルーツバスケットを電車の名前で行う、劇あそびでバスに乗る場面を作るなどです。

また、言葉だけの指示が難しければ視覚的な手がかりを入れ、見通しがもてないなら活動の手順を示すといった対応が、理解を促すには大切です。

観察のポイントと記録の方法を学ぶ

5 集中力・思考のくせの視点

活動にどれくらい集中できるか、また失敗に対する耐性や気持ちの切り替え方から、思考のくせを把握することが、適切な支援につながります。

●集中力・思考のくせとは？

ここでいう**集中力**は、その活動にどのくらい集中できるかという力のこと。思考のくせとは、考え方や物事のとらえ方の傾向です。例えばコップに半分の水を見て「半分も入っている」とポジティブに考えるか、「半分しか入っていない」とネガティブにとらえるかにより、思考のくせは大きく異なるのです。

●集中力・思考のくせに偏りがあると……

集中力に欠ける場合、活動への参加が難しくなり、集団活動を乱したり、途中でその場を離れてしまったりすることがあります。

また、思考に柔軟性がなくネガティブに考えがちな場合、「失敗＝取り返しのつかないもの」という考え方にとらわれ、切り替えができなくなります。「オール・オア・ナッシング」、「黒か白か」「0か100か」という考え方になり、失敗がこの世の終わりのように考えてしまうのです。失敗を避けるため活動自体やらなくなる子もいます。新しい体験は不安で大きなストレスを感じ、何よりも経験が広がりません。

●支援のポイント

集中が続かない場合、その理由に合わせた対応が必要です。刺激が多すぎて注意散漫になっているなら保育室環境を見直し、保育者の指示が難しいなら、簡潔な言葉で伝えるなど工夫をします。

また、ネガティブ思考に傾きがちな子どもには、普段の保育の中で繰り返し「失敗は成功のもと」という考え方を伝え、失敗に対する免疫をつけていくようにするとよいでしょう。

Step 2 子どもの行動観察と記録

研修 観察のポイントと記録の方法を学ぶ

プログラム

1. イントロダクション／5つの観察ポイント	5分
2. ワーク1／固有覚を体感してみよう	10分
3. ワーク2／ビデオから観察、記録してみよう	50分
4. まとめ・振り返り	10分

所要時間 **75分**

用意する物 ・子どもの様子を撮影したビデオ（研修主催者がご用意ください） ・配付資料 6枚

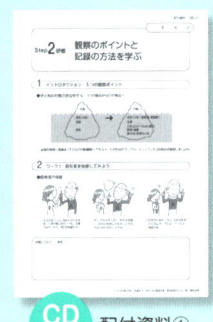 CD 02-01 配付資料①

 CD 02-02 配付資料②

 CD 02-03 配付資料③

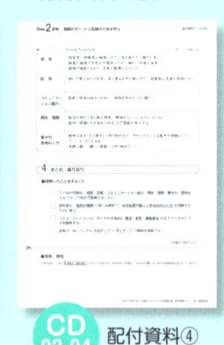 CD 02-04 配付資料④

※配付資料は付録のCD-ROMにデータが収録されています。
※配付資料③別紙A、BのみB4サイズです。

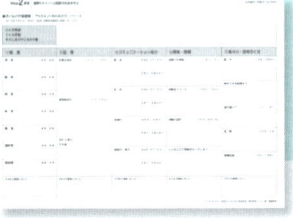 CD 02-03A 配付資料③ 別紙A

 CD 02-03B 配付資料③ 別紙B

1 イントロダクション／5つの観察ポイント　5分

※P.18～23の行動観察のポイントは事前にある程度理解しているという想定で話を進めています。もし、行動観察のポイントから学ぶのであれば、P.18～23を資料として配付し、簡単に解説をする時間を設けるようにしましょう。

 この研修では、子どもの観察と記録の方法論を学びます。前回の研修で学んだ「氷山モデル」の氷山の下を評価する実践です。前回は、「感覚」「記憶」「思考」の3つの視点から探っていきましたが、今回は、子どもの状態像をより明確にしていくため、「感覚」「記憶」「コミュニケーション能力」「興味・理解」「集中力・思考のくせ」の5つを観察ポイントとしました。

24

観察のポイントと記録の方法を学ぶ

●子どもの行動の氷山モデル　3つの視点から5つの視点へ

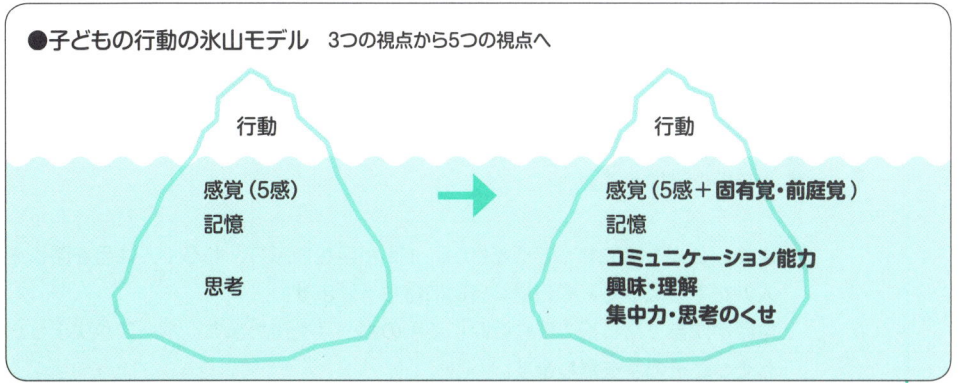

配付資料①

配付資料③別紙A「アセスメントのためのワークシート」を見てください。5つの項目別に記録ができるようになっています。後ほど皆さんにも記録をしていただきますが、中でも難しいのが「感覚」の項目だと思います。前回の研修でも「感覚」の視点は取り上げましたが、固有覚と前庭覚は初めて登場しましたね。この２つは、５感と違って、筋肉や関節、三半規管など体の内側で感じる感覚なので、なかなかとらえるのが難しいのです。

配付資料③別紙A

●子どもの行動観察　～アセスメントのためのワークシート～
当てはまるものに○を付け、余白には事実を端的に記録しましょう。

どんな場面 どんな活動 そのときの子どもの行動				
①感　覚	②記　憶	③コミュニケーション能力	④興味・理解	⑤集中力・思考のくせ
視　覚 ……… 敏感・鈍感	言葉の指示 …… 1つ・2つ・それ以上	要求 …… 伝える・伝えられない　言葉で・言葉以外で	活動への興味 …… ある・なし	集　中 …… できる・できない 集中できる時間は？
聴　覚 ……… 敏感・鈍感				
嗅　覚 ……… 敏感・鈍感	視覚的指示 …… 1つ・2つ・それ以上	拒否 …… 伝える・伝えられない　言葉で・言葉以外で	活動をイメージ …… できる・できない	落ち着いて …… いる・いない
味　覚 ……… 敏感・鈍感		手助け …… 求める・求めない	活動の流れ …… わかる・わからない	
触　覚 ……… 敏感・鈍感		言葉で・言葉以外で		失　敗 …… 大丈夫・不安
固有覚 ……… 敏感・鈍感	忘れっぽい 不注意	気持ち・考え …… 伝える・伝えられない　言葉で・言葉以外で	どんなことに興味をもっている？	臨機応変 …… できる・できない
前庭覚 ……… 敏感・鈍感				
そのほか観察したこと	そのほか観察したこと	そのほか観察したこと	そのほか観察したこと	そのほか観察したこと

25

Step 2 子どもの行動観察と記録

2 ワーク1／固有覚を体感してみよう　　10分

実際の観察・記録を行う前に、わかりづらい固有覚を体感するワークをやってみたいと思います。

まず、2人1組になってください。1人が目をつぶり、もう1人は目を閉じた人の右手を取って、頭の横ぐらいに持ち上げます。
位置が決まったら指の形も動かして手のポーズを決めます。ポーズが決まったらそっとその手を離します。
ポーズをとっている人は、目を閉じたまま左手を右手と同じ形にしてみましょう。
作り終わったら目を開けてください。同じポーズになっているでしょうか。
確認できたら、交替して体感してみましょう。その後、配付資料①に感想を記入してみてください。

●固有覚を体感

①Aが目をつぶり、BはAの右手を取って頭の横に持ち上げる。位置が決まったら、指の形も動かす。

②ポーズが決まったら、Bは手を離し、Aは目を閉じたまま、左手を右手と同じ形にしてみる。

③形を作り終わったら、Aは目を開けて同じポーズになっているか、確認する。

目をつぶった状態でも、筋肉や関節には感覚（固有覚）が入っています。わたしたちは見なくても自分の体の位置を感じているのです。自分の体を見なくても、保育者の動きを見て体操やダンスをまねするにはこの感覚が必要です。見なくてもボタンがはめられたり、靴を履けたりするのもこの感覚のおかげです。しかし、この感覚が鈍いと体のイメージがつかめず、うまく動かすことができなくなります。動作がぎこちなかったり、物によくぶつかったりする場合、この固有覚の偏りがあるのかもしれないと仮説を立てて支援してみましょう。

観察のポイントと記録の方法を学ぶ

〈参考〉　固有覚が鈍感な子によく見られる姿
- バナナを食べるときに握りつぶしてしまう
- 絵をかくときにクレヨンを折ってしまう
- つま先立ちで歩いている
- 必要以上の力を入れて物を扱う
- 小さい子をなでようとして、たたいてしまう

前庭覚が鈍感な子によく見られる姿
- いくら動いても満足しない
- くるくると回りながらあそんでいる
- ブランコなど揺れる遊具が大好きで、あきることなく乗っている
- 高い所に平気で登り、怖がらない
- よく転ぶ

CD 02-02
配付資料②

3 ワーク2／ビデオから観察、記録してみよう　　50分

気になる子どもの様子をビデオで見ながら、「アセスメントのためのワークシート」（配付資料③別紙A）に記録してみます。まずはビデオを見てください。

（ビデオ上映）

※子どもの気になる様子が見られる場面を撮影、編集したビデオを用意しましょう。園内のケース検討会として行う場合は、参加者が検討したい子どもを撮影したものを用意するとよいでしょう。

●**個人ワーク**（約15分） 
今見た子どもの様子について、それぞれ自分のシートに記録してみましょう。配付資料③別紙Bに、各項目の記録のポイントがありますので、参考にしてください。ビデオを見ただけでは、すべての欄は埋められないと思いますが、多様な視点からとらえるためにも、一通り全項目を確認するようにしましょう。

（記録）

27

Step 2 子どもの行動観察と記録

配付資料③別紙B

●子どもの行動観察 〜アセスメントのためのワークシート〜 ＜記録のポイント＞
当てはまるものに○を付け、余白には事実を端的に記録しましょう。

どんな場面 / どんな活動 / そのときの子どもの行動	子どもの気になる行動が、どんな場面、どんな活動のときに起こるかを記入。

①感覚	②記憶	③コミュニケーション能力	④興味・理解	⑤集中力・思考のくせ
5感を2列について、敏感か鈍感かをチェック。分けて考えるのが難しければ、おおまかに繊細タイプ・鈍感タイプでもよい。	言葉の指示と視覚的指示、それぞれいくつ覚えて行動できるかを記録する。	項目ごとに能力があるか、あるならその力を合わせるかを記録する。	各項目のある・なしをチェックし、その理由を記入。日ごろからの興味についても記入する。	集中できる時間などについて記録する。2択のチェックの欄も、具体的な姿を記入する。
視覚 ……… 敏感・鈍感 敏感：周囲をあちらこちら見てしまい気が散りやすい場合などにチェック。 鈍感：動いているものを目で追ったり、つかまえたりが苦手な場合などにチェック。	言葉の指示 …… 1つ・2つ・それ以上 保育者の言葉による指示のうち、いくつ覚えて行動できるかをチェック。	要 求 ……… 伝える・伝えられない 「～してほしい」「～したい」「～が欲しい」を伝えられるかできないかをチェック。 言葉で・言葉以外で 伝え方をチェック。	活動への興味 ……… ある・なし その活動への興味があるかどうか、その活動の例に興味を示す、示さないならその理由を推測して記入。	集 中 ……… できる・できない 集中することができるかできないか、どんなときにできるかを記入。
聴覚 ……… 敏感・鈍感 敏感：大きな音・特定の音が苦手な場合などにチェック。 鈍感：人の声の聞き取りが苦手、呼んでも振り向かないことがある場合などにチェック。				集中できる時間は？ 「5分までなら座って話を聞ける」「製作のときは○分もたない」など、具体的な時間と姿を記入。
嗅覚 ……… 敏感・鈍感 敏感：「くさい」とよく訴えることがある場合などにチェック。	視覚的指示 …… 1つ・2つ・それ以上 実際の物を見せたり、絵で示したりという指示のうち、いくつ覚えて行動できるかをチェック。	拒 否 ……… 伝える・伝えられない 「いやだ」「できません」を伝えることができるかできないかをチェック。 言葉で・言葉以外で 伝える際の伝え方をチェック。	活動をイメージ ……… できる・できない その活動のイメージをもっているかどうか、そう感じた理由も具体的に記入。	落ち着いて ……… いる・いない 「絵本のときには落ち着いて聞いている」「運動のときには全然落ち着いて聞いていない」など、具体的な姿を記入。
味覚 ……… 敏感・鈍感 敏感：極端な偏食がある場合などにチェック。				
触覚 ……… 敏感・鈍感 敏感：ふれられることが嫌がる、粘土・泥・砂あそびなどを嫌がる、歯磨き・つめ切りを嫌がるなどの場合にチェック。 鈍感：けがをしても痛がらない、なんでも手で触る場合などにチェック。		手助け ……… 求める・求めない 手助けを求めることができるかできないかをチェック。 言葉で・言葉以外で 求める際の伝え方をチェック。	活動の流れ ……… わかる・わからない その活動の流れを理解しているかどうか、そう感じた理由も具体的に記入。	失 敗 ……… 大丈夫・不安 失敗することについての耐性があるか、失敗した後の気持ちの切り替えができるか、失敗を恐れて取り組めないかなどをチェック。
固有覚 ……… 敏感・鈍感 敏感：体がぐにゃぐにゃしている印象、しっかり力を入れて物を持てない場合などにチェック。 鈍感：必要以上に力を入れてあそぶ、不必要に床に誤ぶつかったりする、つま先立ちが多い、物をよくぶつける、ほーっと何かを考えていることが多い場合などにチェック。	忘れっぽい 不注意 日ごろの様子から、物の置き忘れや落とし物が多い、ロッカーの中の整理ができない、物によくぶつかる、ほーっと何かを考えていることが多い場合などにチェック。	気持ち・考え ……… 伝える・伝えられない 気持ちや考えを伝えることができるかできないかをチェック。 言葉で・言葉以外で 気持ちや考えの伝え方をチェック。	どんなことに興味をもっている？ 日ごろから興味をもっているものは何かを具体的に記入。	臨機応変 ……… できる・できない 予定の変更についての耐性があるか、急な事態にも対応ができるか、取り組めるかなどをチェック。
前庭覚 ……… 敏感・鈍感 敏感：滑り台や階段を下りるのを怖がる、バランスを崩しやすい、転びやすい、姿勢が崩れやすい場合などにチェック。 鈍感：回転することをよく見つめることが多い、頭を振る、体を揺するような行動がよく見られる場合などにチェック。				
そのほか観察したこと	そのほか観察したこと	そのほか観察したこと	そのほか観察したこと	そのほか観察したこと
それぞれの欄の余白には、「〇〇の音が特に苦手」「くるくる回る」「強い力で耳を閉める」など具体的な様子を記入。	それぞれの欄の余白には、「保育者がはさみとクレヨンを取ってきて、いすに座りましょうと伝えた際に、覚えられないもしくは忘れてしまう」など具体的な姿を記入。	それぞれの欄の余白には、「『×』はしたいとは言えるが、○○したくないとは言えない」「大人と1対1なら伝えられるが集団場面では言えない」など具体的に記入する。		

※このワークシートは、実際にかかわっている子どもについて日常の観察を踏まえて記録することを想定しています。そのため、数分間のビデオでの様子だけでその子どもをとらえて記録するのは難しいでしょう。
ここでは、どんな視点で記録をすればよいのかを知ることが目的で、今後それぞれの現場に帰って活用してほしいということを伝えましょう。

アセスメントのためのワークシート（配付資料③別紙A　記入例）

●子どもの行動観察 〜アセスメントのためのワークシート〜
当てはまるものに○を付け、余白には事実を端的に記録しましょう。

どんな場面 / どんな活動 / そのときの子どもの行動	一斉活動の製作のときに、部屋から出て行ってしまう。

①感覚	②記憶	③コミュニケーション能力	④興味・理解	⑤集中力・思考のくせ
視覚 ……(敏感)・鈍感	言葉の指示……(1つ)・2つ・それ以上 たくさんの指示は、覚えて行動できない	要 求 …(伝える)・伝えられない (言葉で)・言葉以外で	活動への興味 … ある・(なし) 材料を配られても手に取ろうともしない	集 中 …… できる・(できない)
聴覚 …… 敏感・鈍感				集中できる時間は？ 製作は5分ともたない
きゅう覚 … 敏感・鈍感	視覚的指示……1つ・2つ・(それ以上)	拒 否 …(伝える)・伝えられない (言葉で)・言葉以外で	活動をイメージ…できる・(できない)	落ち着いて …… いる・(いない) 製作のときはそわそわしている
味覚 …… 敏感・鈍感				
触覚 …… 敏感・(鈍感) 指先がうまく使えない 不器用		手助け …… 求める・(求めない) 言葉で・言葉以外で	活動の流れ…わかる・(わからない) 手順を理解して作ることができない	失 敗 …… 大丈夫・(不安) 不器用なので、上手にできないと思っている
固有覚 …… 敏感・(鈍感) じっと座っているのが苦手動きたくなる	忘れっぽい (不注意) 集中して製作に取り組めない	気持ち・考え…伝える・(伝えられない) 言葉で・言葉以外で	どんなことに興味をもっている？ 数字が好き	臨機応変 …… できる・できない
前庭覚 …… 敏感・(鈍感)				
そのほか観察したこと	そのほか観察したこと 製作の手順を覚えて作ることが難しく見える	そのほか観察したこと	そのほか観察したこと	そのほか観察したこと 部屋から出て行った後、数字の絵本を読んでいたが、それはずっと集中していた

28

観察のポイントと記録の方法を学ぶ

●**グループワーク**（約20分） 
5名程度のグループに分かれます。それぞれの記録を発表し、「感覚」「記憶」「コミュニケーション能力」「興味・理解」「集中力・思考のくせ」に偏りがあるかどうか、その特性について話し合いましょう。
出された意見を項目別に書き出し、「○○ちゃんはこんな子ども」という形で、ワークシート（配付資料③）に整理してみましょう。すべての項目について、日ごろ接している子どもの様子も加味して、仮説を立ててみるという視点で記載してみましょう。皆さんの主観でいいのです。今回の観察と日ごろの子どもの様子を合わせて、「自分としては、こういうふうに考える」ということになります。

※グループ内で進行役や記録係を決めてから行うように促しましょう。

● （ ○○ ）ちゃんは、こんな子ども　＜記入例＞　　　　　　　　（ A ）グループ

感　覚	固有覚・前庭覚が鈍感なので、落ち着かない動きが多い。 触覚が鈍感で手先が不器用なため、細かい作業が苦手。 視覚の過敏さもあり、注意が散漫になりやすい。
記　憶	聞いて覚えるのは苦手。見て覚える力が強いので、視覚的な支援が有効だろう。
コミュニケーション能力	要求や拒否は伝えられるが、援助を求めることが難しい。
興味・理解	数字が好きで足し算が得意。興味のないことはやりたがらない。 数字に関連した内容を入れることで意欲が向上する。
集中力・思考のくせ	興味のあることは集中して取り組めるが、そのほかのことは集中が持続しにくいアンバランスさがある。 失敗に弱く、難しい課題には取り組めない。

配付資料④

Step 2 子どもの行動観察と記録

4 まとめ・振り返り　　10分

今回は、観察のポイントと記録の取り方について学びました。この観察記録から、子どもの発達特性について仮説を立てます。「○○ちゃんはこんな子ども」ということが理解されると、支援の方法が見えてきます。
例えば、
- 視覚が過敏 → 注意が散漫になる → 視覚情報を少なくする
- 失敗に弱いのに援助を求められない → わからないときは、保育者に「おしえて」と伝えるよう促す
- 興味のないことはやりたがらない → 好きなことを生かして活動に取り組めるように工夫する

などです。

観察 → 仮説 → 支援 → 評価　　このサイクルが大切です。

日常の子どもの観察でも心がけてみてください。
本日はお疲れさまでした。配付資料④の振り返りチェックもやってみてくださいね。

参加者の感想
※著者が実際に研修を行った際の受講者の声です。

- 観察のポイントがあることで、子どもの行動の理由を考えながら見ることができました。
- 固有覚と前庭覚という体の中の感覚を知り子どもの行動と関連の深いものだと感じました。この感覚に偏りがある子への対応について学びたいと思いました。
- それぞれの観察のすり合わせから、具体的に○○ちゃんはこんな子と共有のイメージをもてたのはよかったです。
- 偏りだけでなく、その子の良い点も観察し、理解することの大切さを感じました。

Step 3 特性に合わせた環境支援

子どもにわかりやすい環境を考える

2回の研修を通して、子どもの特性に関する理解が深まったと思います。そこで今回は、子どもの周りに視点を広げて、子どもたちに合った環境とはどういうものか、学んでいきましょう。

1、2回目の研修で、認知の理解と観察のポイントについて学び、特性に添った支援が見えてきたのではないでしょうか。

はい。研修後も観察のポイントを意識して子どもを見る中で、なんとなくその子の特性をつかめるようになった気がします。でも、特性に応じた支援がパッと出てこなくて。具体的にどうしたら……というところで止まってしまいます。

具体的な支援ということでは、まず保育環境の調整があります。今回の研修では、具体的な支援技法、保育環境を調整して子どもを支援する方法について学びましょう。

保育環境を子どもの状態に合わせて設定していくということですよね。

そうです。すでに日常の保育環境自体子どもの感覚に配慮され、理解しやすいように整理整頓されていることが多いのですが、この研修では「構造化」という方法論を学びます。「構造化」を理解することで、さらに子どもの特性に応じた設定になると思います。それから、わたしたち保育者も大切な環境なので、その視点で自分の子どもへの対応の仕方を点検することも研修に入れましょう。

自分の点検ですね。少し不安になりますが、しっかり学びたいと思います。

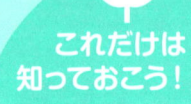

Step 3　特性に合わせた環境支援

これだけは知っておこう！　「構造化」とは

子どもにわかりやすい環境を考えるうえで参考になるＴＥＡＣＣＨプログラムの「構造化」という支援方法。研修に入る前に、その基本的なところを知っておきましょう。

ＴＥＡＣＣＨプログラムとは

　子どもの「認知」の偏りを理解し、「認知」の状態に応じた環境を用意することを提唱したのが、アメリカのノースカロライナ大学で開発されたＴＥＡＣＣＨ（ティーチ）プログラムです。その中の「構造化」という支援方法が、日本でもさまざまな現場で取り入れられその有効性が理解されています。「構造化」の視点を用いると、障がいの有無にかかわらず、どの子どもにもわかりやすい、やさしい保育環境を整えることができます。
　この、どの子にもわかりやすい環境は、「ユニバーサルデザイン」と、とらえることができます。

構造化・４つの要素

　「構造化」は、次の４つの要素から子どもの「認知」に合わせた環境を検討します。

1.「場所」の構造化

　余分な刺激を少なくし、その場所で何を行うのかがはっきりとわかるような場面設定にします。自分の持ち物の場所・おもちゃを片付ける場所などが明確に子どもにわかるようにすることも大切です。
　→Step 2で紹介した５つの視点では、「感覚」「記憶」の視点と関連があります。

 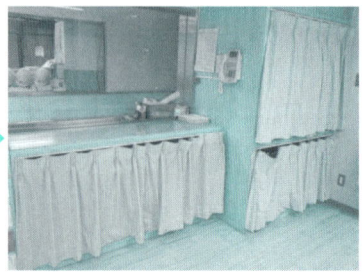 

棚を布で隠すと、視覚的な刺激が減り、落ち着いた環境になる。

子どもにわかりやすい環境を考える

前面に写真や絵を表示することで、何をどこに入れるのかがわかりやすくなる。

靴下入れには内側の底に個人マークを付ける。

集まって話を聞くときは、個人マーク付きの座布団を敷き、「自分の場所」をわかりやすく。隣との間を少し空けておくことで、友達とぶつかることなく不要なトラブルを避けることもできる。

2.「時間」の構造化

子どもにわかるスケジュールを示し、どのような活動をどんな順序で行うかを明らかにします。大切なのは子どもがそのスケジュールを活用し、それに応じて活動を切り替えていくことです。子どもの理解のレベルによって、実物・写真・絵・文字などを使い、スケジュール提示の数も調整します。

→「記憶」「集中力・思考のくせ」の視点と関連があります。

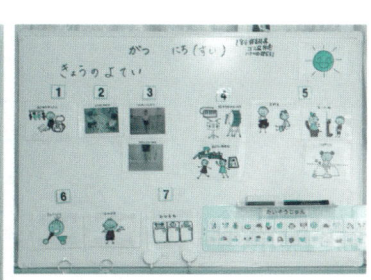

「今日の予定」を、写真や絵と文字で表示。マグネットシートなどで作ると、毎日の付け外しが簡単で便利。

年齢が高いクラスには、このように1か月の予定表をはり、少し長めの見通しをもつことも大事。

33

Step 3 特性に合わせた環境支援

「構造化」とは

3.「活動」の構造化

保育者がいくつもの指示を出すと、聞き取りや記憶に問題がある場合、スムーズに行動することができません。そこで、子どもに課題や活動が「どれだけの量で、どんな内容で、いつ終わるのか、終わった後に何が起こるのか」がわかるように提示します。料理のレシピなどが同様の考え方です。

→「記憶」「集中力・思考のくせ」の視点と関連があります。

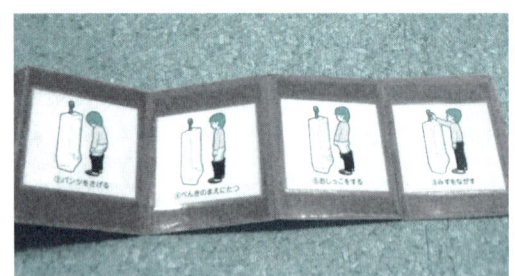

トイレでの手順など、行動の流れが見てわかるカード。折りたためるので、必要な部分だけ提示できる。

いろいろとやることのある朝や帰りの支度の手順をわかりやすく。

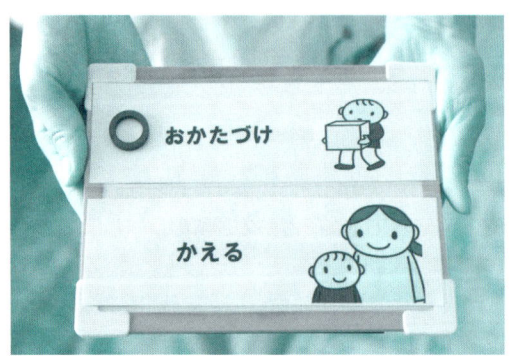

このように、次の行動と合わせて示すことで、見通しをもつことができる。

動作の流れや手順をわかりやすくイラストで表示。

運動会や発表会の行事の際は、ここだけは決めてほしいというポーズに丸を付けるとよい。そこだけでもみんなと合えば、全体通して大きくずれているように見えない。

子どもにわかりやすい環境を考える

4.「視覚的」な構造化（視覚的手がかり）

　聞いて理解するよりも、見て理解する力が強いタイプの子どもが多いのも発達障がいの特徴。その長所を生かすために、視覚的な手がかりを工夫します。また、記憶の偏りのある子どもには、苦手を補う視点で「見て思い出して行動できる」ようにします。
　さらに生活の中での振る舞い方・コミュニケーションのとり方など、子どもに必要な情報を絵や写真、文字などで提示するという工夫があります。本人の意思を発信できるようなコミュニケーションカードも便利です（P.43参照）。

　　　→「感覚」「記憶」「コミュニケーション能力」「集中力・思考のくせ」の視点と関連があります。

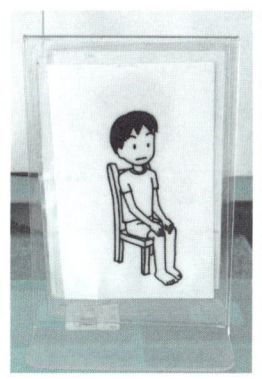
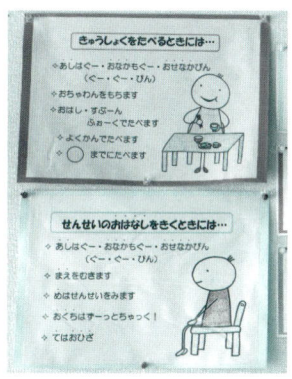

正しい姿勢や態度を絵で示したり、実際に保育者がやってみせたりする。

2つ以上のことを伝えるときも、実物を示すことで覚えやすくなる。

注目カード
話をするときにこのようなカードを提示することで、保育者に注目する習慣がつく。

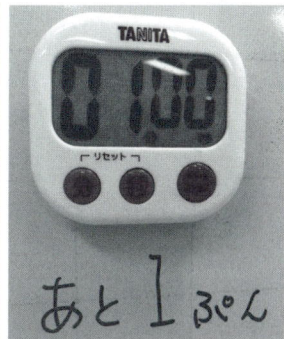

見通しカード
話の終わりが予測できるようなカードを提示。タイマーを見せて残り時間を伝えても。

Step3 特性に合わせた環境支援

研修 子どもにわかりやすい環境を考える

プログラム

1. イントロダクション	5分
2. レクチャー／「構造化」の基本を知ろう	15分
3. ワーク1／子どもに合った環境の工夫を探そう	20分
4. ワーク2／自分自身を振り返ってみよう	10分
5. ワーク3／4つの視点で環境チェック	20分
6. まとめ・振り返り	5分

所要時間 **75分**

用意する物 ・配付資料 5枚

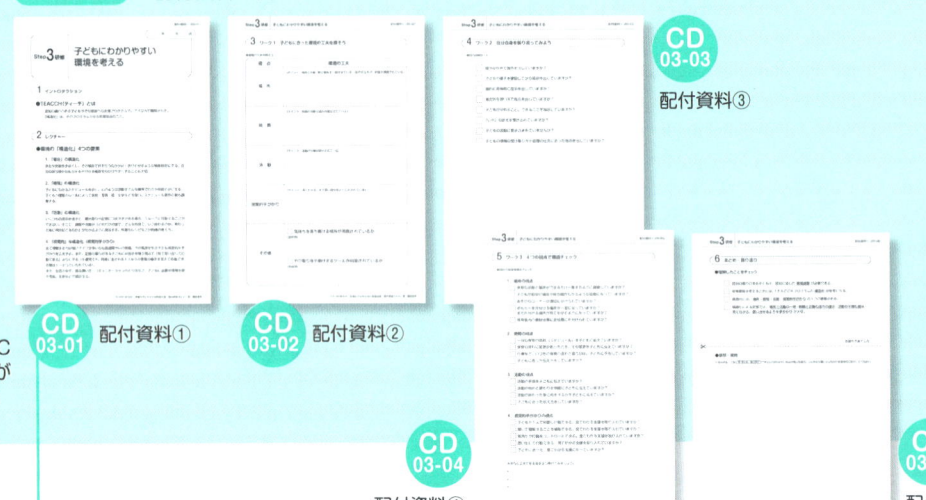

配付資料① 配付資料② 配付資料③ 配付資料④ 配付資料⑤

※配付資料は付録のCD-ROMにデータが収録されています。

1 イントロダクション　5分

発達障がいのある子どもたちは、環境からの情報を適切に受け取り、取り込んで活用することに、つまずきがあります。1回目の研修で学んだように「認知」に偏りがあるからです。

そのため、一人一人の「認知」に合わせた環境を用意することが必要になります。足の不自由な人が車いすを、視力の弱い人が眼鏡を利用するのと同じように、「認知」の偏りがある子どもには、その偏りに応じた、その子にとってわかりやすい環境を用意するということです。

そこで、3回目の研修は、子どもの状態に合わせた環境調整の方法論を、TEACCH（ティーチ）というプログラムの「構造化」を用いて学んでいきます。

36

子どもにわかりやすい環境を考える

この環境調整は、子どもが見通しをもてること・自立して行動できることを目的にします。そうすると子どもは安心して、また自信をもって行動できるようになるはずです。

2 レクチャー／「構造化」の基本を知ろう　　15分

ＴＥＡＣＣＨとは、認知の偏りのある子どもやその家族への支援プログラムとしてアメリカで開発されたもので、現在、日本でもさまざまな現場で取り入れられています。今回用いる「構造化」はそのプログラムの中の支援技法で、次の４つの要素から子どもの「認知」に合わせた環境を検討するものです。配付資料①を見ながら、１つずつ確認していきましょう。

●環境の「構造化」４つの要素

１．「場所」の構造化
余分な刺激を少なくし、その場所で何を行うのかがはっきりわかるような場面設定にする。自分の持ち物やおもちゃを片付ける場所をわかりやすくすることも大切。

２．「時間」の構造化
子どもにわかるスケジュールを示し、どのような活動をどんな順序で行うかを明らかにする。子どもの理解のレベルによって実物・写真・絵・文字などを使い、スケジュール提示の数も調整する。

３．「活動」の構造化
いくつもの指示を出すと、聞き取りや記憶につまずきがある場合、スムーズに行動することができない。そこで、課題や活動が「どれだけの量で、どんな内容で、いつ終わるのか、終わった後に何が起こるのか」がわかるように提示する。料理のレシピなどが同様の考え方。

４．「視覚的」な構造化（視覚的手がかり）
見て理解する力が強いタイプが多いのも発達障がいの特徴。その長所を生かすため視覚的な手がかりを工夫する。また、記憶の偏りがある子どもには苦手を補う視点で「見て思い出して行動できる」ようにする（５歳児でも、同時に出される大人からの言葉の指示を覚えて行動できる数は１〜２つといわれている）。
また、生活の中で、振る舞い方・コミュニケーションのとり方など、子どもに必要な情報を絵や写真、文字などで提示する。

CD 03-01
配付資料①
※確認の際は、P.32〜35を参考に具体例を挙げながら解説していくと、よりわかりやすいでしょう。

この４つの要素を大切に、どの子にもわかりやすく使いやすい環境「ユニバーサルデザイン」をつくりましょう。

Step 3　特性に合わせた環境支援

3　ワーク1／子どもに合った環境の工夫を探そう　20分

※グループ内が同じクラスなど、普段の保育環境が同じ人同士でない場合も、それぞれ自分の保育環境を想定して出し合うとよいでしょう。

※配付資料①で構造化の4つの要素を確認し、あらためてどんなことを探したらよいかがわかるようにしましょう。

わたしたちは、子どもの認知に合わせた環境をすでに設定しています。4、5人ずつのグループになって、それぞれの保育環境を振り返りながら、「場所」「時間」「活動」「視覚的手がかり」の4つの視点で工夫していることを探して、ワークシート（配付資料②）に記入してみましょう。

環境の工夫を探そう（配付資料②　記入例）

視　点	環境の工夫
場　所	（ポイント…場所と活動・物と場所を一致させている／音や見るもの・刺激が調整されている） ・ロッカーや靴入れ、いすには多数のマークをはっている
時　間	（ポイント…時間と活動の流れが提示されている） ・その日の予定をホワイトボードに絵と文字で示している（3、4歳児） ・その日の予定をホワイトボードに文字で示している（5歳児）
活　動	（ポイント…活動の手順が提示されている） ・製作コーナーに折り紙の折り方手順の見本をはっている（4歳児） ・流し台の前に、手の洗い方のポスターをはっている
視覚的手がかり	（ポイント…見てわかる、思い出せるような手がかりがある） ・提示をするときは、実物を見せながら説明している
その他	☐ 気持ちを落ち着ける場所が用意されているか （具体例） ☐ 保育者の声や動きが過度の刺激にならないようにしているか （具体例）

※視覚的手がかりの中には、やり取りを手助けするコミュニケーションカードなども含まれます。

子どもにわかりやすい環境を考える

どうですか？ どの項目も埋まっていますよね。ワークをやってみて、あらためてわたしたち保育者は、日ごろから子どもに見通しをもたせ、安心して自立して行動できるような環境を用意していることがわかったのではないでしょうか。

「その他」の欄にある2つのポイントも大切なので、この2点についても、後で確認してみてください。

4 ワーク2／自分自身を振り返ってみよう　　10分

保育者や教員も、子どもにとっては環境の一部です。今度は個々に自分の子どもへの対し方をチェックしてみましょう。

●自己点検シート　　　　　　　　　　　　　　　　　　　　CD 03-03　配付資料③

- [ ] 穏やかな声で指示を出していますか？
- [ ] 子どもの様子を確認してから指示を出していますか？
- [ ] 端的に具体的に指示を出していますか？
- [ ] 肯定的な言い方で指示を出していますか？
- [ ] 子どもが守れること、できることを指示していますか？
- [ ] 「いや」の訴えを受け止めていますか？
- [ ] 子どもの言動に巻き込まれていませんか？
- [ ] 子どもの情報の受け取り方や処理の仕方に合った指示を出していますか？

いくつチェックが付きましたか？ 常にすべてにチェックが入るというのは、難しいかもしれませんが、ここで挙げているのは、特別な支援を要する子どもだけではなく、すべての子どもに有効な対応です。
子どもは保育者からの声かけで、周囲の状況を理解し行動します。ですから、子どもにとってわかりやすい伝え方で、安心して行動につなげられるように配慮していきましょう。

Step 3 特性に合わせた環境支援

5 ワーク3／4つの視点で環境チェック　　20分

今度は4つの視点で自分の保育環境をチェックしてみましょう。まず、個々に自分のクラスに関してチェックをしてみましょう。

CD 03-04
配付資料④

●自分の保育環境をチェック

1．場所の視点
- ☐ 保育の活動と場所ができるだけ一致するように調整していますか？
- ☐ 子どもが自分の場所や持ち物がわかるような環境になっていますか？
- ☐ あそびのコーナーが適切に分けられていますか？
- ☐ おもちゃを片付ける場所が一定になっていますか？また片付ける場所が見てわかるようになっていますか？
- ☐ 保育室内の教材は常に定位置に片付けられていますか？

2．時間の視点
- ☐ 一日の保育の流れ（スケジュール）を子どもに伝えていますか？
- ☐ 保育の流れに変更があったとき、その変更を子どもに伝えていますか？
- ☐ 行事など、いつもの保育の流れと違う日は、子どもに予告していますか？
- ☐ 子どもに合った伝え方をしていますか？

3．活動の視点
- ☐ 活動の手順を子どもに伝えていますか？
- ☐ 活動の始めと終わりを明確に子どもに伝えていますか？
- ☐ 活動が終わった後に何をするかを子どもに伝えていますか？
- ☐ 子どもに合った伝え方をしていますか？

4．視覚的手がかりの視点
- ☐ 子どもが1人で判断し行動できる、見てわかる支援を取り入れていますか？
- ☐ 聞いて理解することを補助できる、見てわかる支援を取り入れていますか？
- ☐ 気持ちや行動をコントロールできる、見てわかる支援を取り入れていますか？
- ☐ 思い出して行動できる、見てわかる支援を取り入れていますか？
- ☐ 子どもに合った、見てわかる支援になっていますか？

チェックしたら、グループで互いの工夫を参考にしたり、意見を出し合ったりして、さらに工夫できる点を挙げて配付資料④の下の欄に記入してみましょう。明日から実施できる工夫を見つけられるといいですね。

子どもにわかりやすい環境を考える

6 まとめ・振り返り　　　5分

わたしたちは日ごろから、子どもに安心できるわかりやすい保育環境を提供しています。さらに、子どもの認知の偏りに応じた工夫を入れるとよいことを今回学びました。この工夫は支援が必要な子どもばかりでなく、どの子どもにも役に立つものです。だれもが使いやすい環境づくり……「構造化」の考え方を活用して、「ユニバーサルデザイン」をつくっていきましょう。

本日はお疲れさまでした。この後、配付資料⑤のチェックを行ってみてください。

参加者の感想

※著者が実際に研修を行った際の受講者の声です。

- わたしたちが用意している保育環境が、特別支援の必要な子にも有効に働いていることがわかりました。特別支援がとても身近に感じました。
- 構造化の4つの視点で環境を見直してみることで、足りないところが見えてきました。特に感覚に対する配慮、気持ちを落ち着けるスペースの確保は、ぜひ取り組んでいきたいと思いました。
- 思い出せるように視覚的手がかりを入れるという視点は新たな発見でした。
- わたしたちの日ごろの声かけも点検すると、自分のくせが見えてきました。自分自身の対し方を日ごろから客観的に見ることが大切ですね。

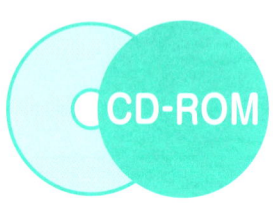

Step 3 特性に合わせた環境支援

CD-ROM 付録CD-ROM収録のイラストデータを使って
見てわかる環境づくり

付録のCD-ROMには、構造化の実践に役立つイラスト素材がたくさん収録されています。ここでは、いくつかの活用例をご紹介。それぞれの場に合ったイラストをプリントし、「見てわかる」環境づくりを実践してみてください。

※CD-ROMご使用前には、P.122も必ずお読みください。

「場所」の構造化
物の置き場所の表示に

038 上履き 
064 クレヨン 
066 はさみ

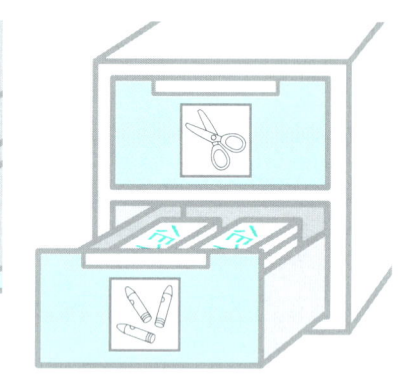

これらのイラストデータをプリントして ....▶ 上履きを脱ぐ場所や教材・おもちゃの収納場所の表示に。

「時間」の構造化
スケジュールの表示に

071 体操 
097 身体測定 
054 園庭であそぶ 
078 給食を食べる

きょうのよてい
- たいそう
- しんたいそくてい
- えんてい
- きゅうしょく

これらのイラストデータをプリントして ....▶ ホワイトボードにはり、一日の予定表を。

子どもにわかりやすい環境を考える

「活動」の構造化

行動の手順の表示に

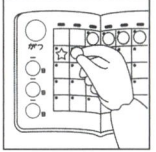

045 連絡帳にシールをはる
047 タオルをかける 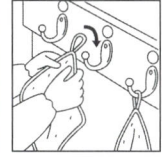
084 コップ 
041 かばん 

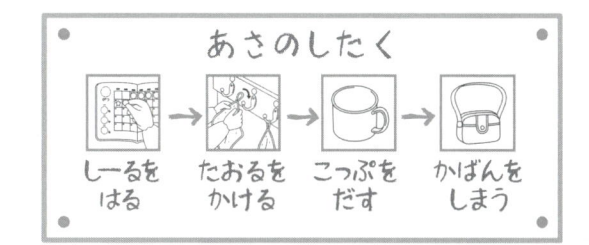

あさのしたく
しーるをはる → たおるをかける → こっぷをだす → かばんをしまう

これらのイラストデータをプリントして → 朝の支度の手順の表示に。子どもによっては、1枚ずつめくって確かめるカードタイプにしても。

「視覚的手がかり」の構造化

コミュニケーションカードに

016 わからない
017 困った 
018 手伝って・教えて 

これらのイラストデータをプリントして、気持ちを伝える絵カードに。 → 子どもが、自分の気持ちを表すカードを差し出して伝える。

いくつかのカードをボードに載せてやり取りする。うまく伝えられない場合は、ボードを提示し、伝えたいカードを指さしてもらう、もしくは大人が指さして「これ？」と促す。

069 片付け（おもちゃ）
035 並ぶ 
068 ホール 

これらのイラストデータをプリントして、子どもに伝えたいことを示す絵カードに。 → 保育者が、次の行動や指示、ルールなど子どもに伝えたいことをカードを示しながら伝える。

大きめのカードにすれば、クラス全体に伝えるときにも使える。

Step 3 特性に合わせた環境支援

コミュニケーションカード 活用のポイント

前ページで紹介したコミュニケーションカードは、言葉でのやり取りが苦手、見て理解する力が強い、指示を覚えにくい、忘れがち、といった子どもに有効ですが、発達の多様な子に限らず、すべての子どもにわかりやすい支援になります。クラス全体に向けたものとして活用していきましょう。なお、保育に取り入れる際は、以下の3つのポイントを理解したうえで使いましょう。

Point1 双方向で使う

一方的に大人からの指示を伝えるだけだと、子どもは「言うことを聞かされるカード」という印象をもち、コミュニケーションのツールとして有効に機能しません。

- 子どもから、安心して伝えたいことを伝わりやすい方法で発信してもらう
- 大人から伝えたいことが正しく伝わるように発信する
- 互いに伝え合えたことを確認する

ためのツールであることを理解し、子どもにとってメリットのあるものとして活用するようにしましょう。

Point2 理解できる見せ方を心がける

たくさんのカードを一度に提示されても、順番を追えなかったり、選べなかったりしたら意味がありません。3枚までなら流れを追える子もいれば、1枚が精いっぱいの子もいます。概念として3がわかれば3枚、5がわかれば5枚というように、その子の数の理解に合わせて提示するとよいでしょう。

Point3 カードからサイン（動作）に発展させる

カードを使うことで、サイン（動作で伝えること）を覚える子どももいます。例えば、「ください」（要求）なら両手を重ねて差し出す、「嫌です」（拒否）ならてのひらを相手に向けて差し出す、などです。サインの方が日常的に使いやすいので、要求や拒否はサインでのやり取りに発展させるのもよいでしょう。また、カードを使うことで伝えることに自信をもち、言葉での発信につながる子もいます。

よくある質問

Q カードに頼りすぎて、言葉の発達が遅れませんか？

A コミュニケーションカードは、言葉の発達を促すことはあっても、阻害することはありません。なぜなら、カードの絵を見て言葉の意味を明確に理解できるからです。わたしたちも外国語を覚えるときに、日本語での意味や文字を確認しながら覚えます。つまり、言葉と映像がしっかり結び付くことで、言葉の理解が進むのです。

Q カードの絵が理解できなくても使えますか？

A カードの内容はわからなくても、それを保育者に提示したら自分にとって好ましい反応が返ってきたという体験（双方向のやり取り）が大切です。自発的にカードを手渡し、コミュニケーションを始めることを教えましょう。また、カード以外に実物をコミュニケーションツールとして使うとよいでしょう。例えば、「外に行くよ」を示すときは運動靴を見せる、というように。実物から、絵（カード）への理解へとつなげていきます。

Step 4 困った行動への適切な対応

ほめて育てるコツを学ぶ

3回の研修を通して、子どもの見方、とらえ方がだいぶ変わってきたのではないでしょうか。そこで今回は、実際の子どもへの対応について、ほめて育てる方法を「行動療法」の理論を通して学んでいきましょう。

3回の研修を行って、園全体の雰囲気が変わってきました。今までは子どもが困った行動を示すと、それを修正することばかり考えていたのですが、自然に「なんでだろう？」と子どもの側に立って考えようと……氷山の見えない部分を考えるということでしょうか。みんながそういう気持ちになっています。

すばらしいですね。そのことが子どもへの温かいまなざしとなり、園の雰囲気をよくしていることでしょう。

そうなのです。子どもをしかることが確実に減っています。でも、**どうしても困ったなあという行動を示す子はいて……。注意する場面がまだあることは事実です。**

そうですか、それでは、4回目ではさらに子どもに温かいまなざしを向け（注目して）、良い行動を増やす方法論を学びましょう。

注目して、良い行動を増やすのですね。

そうです。ほめて育てるコツがたくさんあるので、保護者の方の育児アドバイスにも役立つ内容ですよ。

Step 4 困った行動への適切な対応

これだけは知っておこう！ 行動の意味と注目のパワー

今回の研修では、「ほめて育てる」という行動療法を学びます。その理解を深めるためにも、基本的なこととして、子どもの行動の意味について知っておきましょう。

子どもの行動の意味

●行動の意味をとらえる

保育中に突然泣き出す、友達をたたく、ふざけて走り回る……いずれも「困った行動」です。どう対応したらよいのか、悩んでしまうこともあるでしょう。しかし、子どもの行動には、必ずその行動を起こす意味があり、そこには、子どもからわたしたちへのメッセージが込められています。対応を考えるうえで、まずどうしてそうするのか、行動の意味をとらえてみましょう。

●困った行動の意味とは

子どもの行動の意味は、主に次の3つがあります。

- **要求**：○○したい、○○が欲しい　など
- **逃避**：○○がいや、ここにいたくない、○○したくない　など
- **注目**：こっちに来て、あそんでほしい、かまってほしい　など

例えば「泣く」という行動の意味を3つに当てはめて考えると、それぞれこのような思いがあるのでは？ととらえることができます。

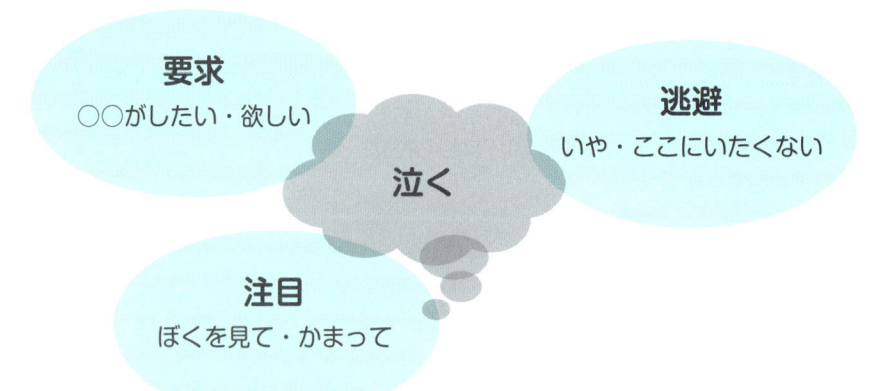

泣く
- 要求：○○がしたい・欲しい
- 逃避：いや・ここにいたくない
- 注目：ぼくを見て・かまって

> ほめて育てるコツを学ぶ

困った行動への支援

●適切なコミュニケーションを教える

　この「困った行動」を、「適切な行動」にするためには、その行動の意味に合ったコミュニケーションの方法を教えることが必要です。つまり、子どもは自分の訴えを、泣くことなく伝えられるのなら、泣かなくて済むということになります。ですから、泣いてばかりいる子どもには、泣かずに済むコミュニケーション方法を教えます。そのためにも、行動の意味を見極めることが大切。意味がわからないと、正しいコミュニケーション方法を教えることができません。
　具体的な「伝え方」として、以下のような方法があります。

1．言葉で伝えられるよう事前に確認

　困った行動が起こりそうな場面で、あらかじめ必要な伝え方を確認しておきます。それだけで子どもは「先生がわかってくれているから伝えてみよう」という気持ちになり、困った行動を未然に防ぐことに役立ちます。

- ●「食べたくない物があったら、食べられませんと言ってね」
- ●「おもちゃが欲しいときは、貸してって言ってね」
- ●「着替えのときにお手伝いしてほしかったら、『先生来て！』と言ってね」　など

Step 4 困った行動への適切な対応

行動の意味と注目のパワー

2．モデルを示す

事前に伝えても困った行動をしてしまう場合は、伝え方の見本を示します。子どもが伝えることができたら、その伝えられたということ自体をほめます。

3．言葉以外の方法を工夫する

言葉で伝えるのが難しい場合、カードを使うなど別の方法を工夫します。

食事のテーブルに「たべられません」「へらしてください」などのカードを用意しておき、指さしたり保育者に差し出したりする。

「かして」「ありがとう」など、友達に伝えることを絵カードにして保育室に掲示しておく。うまくできなかったらそのカードを提示してやり方を確認する。

着替えのコーナーに「お手伝い」カードを準備しておき、保育者に持って行って伝える。

ほめて育てるコツを学ぶ

●注目のパワーを活用する

　わたしたちは、子どもが良い行動をすればほめ、困った行動をすればしかります。いずれにしても子どもに、注目します。

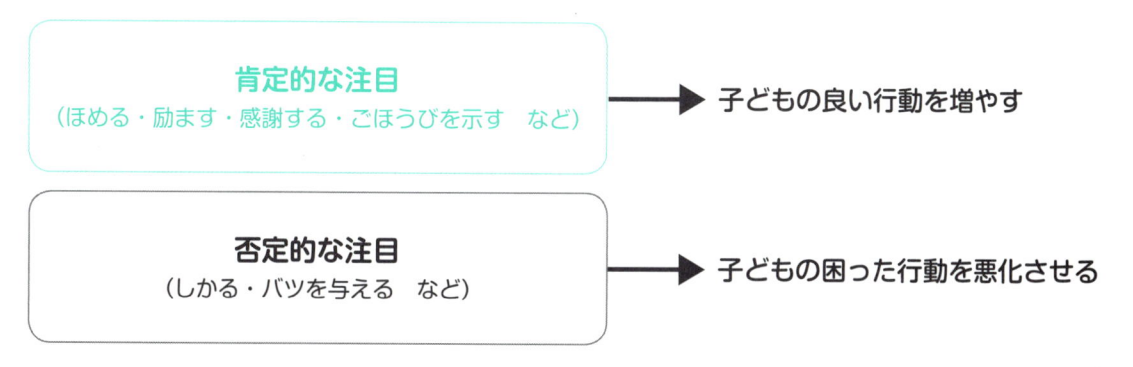

肯定的な注目
（ほめる・励ます・感謝する・ごほうびを示す　など）

➡ 子どもの良い行動を増やす

否定的な注目
（しかる・バツを与える　など）

➡ 子どもの困った行動を悪化させる

　子どもたちには、この注目のパワーをじょうずに活用することが大切です。なぜなら、子どもは、ほめられるとうれしくなり、さらにその行動を起こそうとします。反対にしかられると「どうせ、ぼくなんか」と良い行動をしようとするエネルギーがなくなります。また、しかられたことを注目してもらったととらえて、困った行動を増やしてしまうこともあります。

　ですから、できるだけ、肯定的な注目を与えることが大切なのです。否定的な注目はできるだけしないように……つまり、見て見ぬふりをするのです。そうして良い行動を待って、ほめるという対応になります。

Step 4 困った行動への適切な対応

研修 ほめて育てるコツを学ぶ

プログラム

1.	イントロダクション	10分
2.	ワーク1／困った行動の意味を考えよう	20分
3.	レクチャー／良い行動を増やし、困った行動を減らすには	10分
4.	ワーク2／注目のパワーを上手に使おう	20分
5.	レクチャー／良い行動を引き出す声のかけ方・ほめ方	10分
6.	まとめ・振り返り	5分

所要時間 75分

用意する物 ・配付資料 4枚

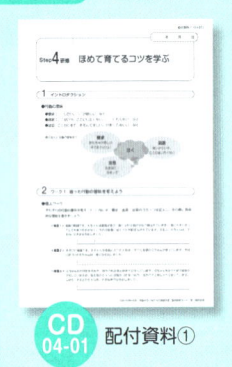

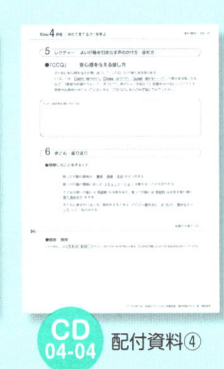

CD 04-01 配付資料①
CD 04-02 配付資料②
CD 04-03 配付資料③
CD 04-04 配付資料④

※配付資料は付録のCD-ROMにデータが収録されています。

1 イントロダクション　10分

今回は行動療法といって、子どもの示す行動……特に困った行動の解釈の仕方と、困った行動を減らして良い行動を増やすための方法論について学びます。

例えば、ここに泣いている子どもがいるとします。泣いてばかりで、どうしてほしいのか言わないので、大人は困ってしまいますね。そこで大人は、なぜその子が泣いているのかを考えるでしょう。
「何かしてほしいの？」「嫌なことがあったの？」「慰めてほしいの？」……など。このように、子どもの行動には、必ずその行動を起こす意味があります。そして、その意味は、主に3つあるといわれます。

ほめて育てるコツを学ぶ

●行動の意味
- ●要求：○○したい、○○が欲しい　など
- ●逃避：○○がいや、ここにいたくない、○○したくない　など
- ●注目：こっちに来て、あそんでほしい、かまってほしい　など

CD 04-01
配付資料①

先ほどの「泣く」という１つの行動も、「おもちゃが欲しい」「外であそびたい」という要求、「暗いからいや」「ここにはいたくない」という逃避、「先生見て！」「かまって」という注目など、いろいろな意味が考えられます。
では、この困った行動を、適切な行動にするにはどうしたらよいのでしょうか。それには、行動の意味に合ったコミュニケーションの方法を教えることです。つまり、泣いてばかりいる子どもには、泣かずに済む伝え方を教えます。そのためにも、行動の意味を見極めることが大切なのです。意味がわからないと、正しいコミュニケーション方法を教えることができません。

2 ワーク１／困った行動の意味を考えよう　　20分

●個人ワーク（約10分）

配付資料①を見てください。そこに書かれた３つの場面を読んで、それぞれの行動の意味は何か、考えてみてください。（　）内には、要求・逃避・注目のうち１つを記入し、その横に具体的な理由を書きましょう。

<場面１> 給食の時間です。Ａちゃんは偏食があり、食べられる物がかなり限られています。特にトマトがどうしても食べられません。今日の給食にはトマトが配ぜんされています。すると、Ａちゃんは、下を向いたまま泣き出しました。
（　　　　　）_____

<場面２> あそびの場面です。Ｂちゃんがお気に入りの人形を、すでに友達のＣちゃんが使っています。そばに近づいたＢちゃんは、急に泣き出しました。
（　　　　　）_____

<場面３> Ｄちゃんの大好きな先生が、ほかのお友達と砂あそびをしています。Ｄちゃんもそのそばで砂あそびをしていますが、先生はＤちゃんには気がつかないのか、ほかの子とおしゃべりをしています。しばらくするとＤちゃんは、大きな声で泣き出しました。
（　　　　　）_____

CD 04-01
配付資料①

※ここは、個々で考える時間を設けて記述してもよいですが、あまり時間がないようなら、全体で場面１～３を読みながら、講師とのやり取りで進めていってもよいでしょう。

<回答例>
1. (逃避)「食べたくない」と言えないで泣いている。
2. (要求)「貸して」「あそびたい」と言えなくて泣いている。
3. (注目)保育者に「見て」「あそんで」と言えなくて泣いている。

51

Step 4 困った行動への適切な対応

どうでしたか？ 同じ「泣く」行動でも、いろいろな場面があり、意味もそれぞれ違いますね。どういうところからその行動の意味が読み取れるのか、なんとなくわかってきたのではないでしょうか。

●グループワーク（約10分）

※4～5人ずつのグループに分かれましょう。

では次に、グループで話し合います。グループ内で園の子どもの困った行動を挙げて、その行動の意味を皆さんで考えてみてください。（　）内には、要求・逃避・注目のうち1つを記入します。意味が共有できたら、その困った行動を適切な行動に変えるために、どんなコミュニケーションを教えたらよいかを考えていきましょう。

グループワーク（配付資料② 記入例）

○○組○○○○　（ 4 歳 10 か月）の行動	
①困った行動	午睡前の着替えの時間、着替えずに部屋の中を走り回っている。保育者が注意すると、さらにうれしそうに走り回る。
②意味	（ 注 目 ） 「ぼくの着替えも手伝ってほしい」「見てほしい」と言えずに走り回っている。
③教えたいコミュニケーション	「先生、ぼくの着替えも見ててね」「手伝ってね」と言う。

なお、行動の意味を考えるときのポイントが配付資料②に載っていますので、参考にしてください。

CD 04-02 配付資料②

●行動の意味を考えるときのポイント……どんなときに困った行動が起きるのか？
1. 好きなあそびを止められたとき・○○を欲しいとき・○○をしたいとき　➡　要求
2. 難しいことをするとき・不安や恐怖を感じたとき・苦手な場面　➡　逃避
3. 興味を引こうとするとき・かまってほしいとき・一緒にいたいとき　➡　注目

ほめて育てるコツを学ぶ

3 レクチャー／良い行動を増やし、困った行動を減らすには　10分

次に、子どもの良い行動を増やし、困った行動を減らす方法を学びましょう。子どもの行動が起こった後で、わたしたちがどう対応したらいいのか、ということですが、ここでポイントとなるのが、「注目のパワー」です。

わたしたちは、子どもが良い行動をすればほめ、困った行動をすればしかります。いずれにしても子どもに注目していますね。これが注目のパワーです。この注目のパワーを上手に使うには、まず、良い行動には肯定的な注目を……ほめる・励ます・感謝する・ねぎらう、といった対応をしていくことです。

そして、困った行動は否定的な注目を取り除く……見て見ぬふりをして、良い行動を指示して待つという対応が有効です。

なぜなら、子どもはほめられるとうれしくなり、さらにその行動を起こそうとします。反対にしかられると「どうせ、ぼくなんか」と良い行動をしようとするエネルギーがなくなる、もしくは、しかられても注目してもらったと考えて困った行動を増やすからです。

ですから、できるだけ肯定的な注目を与えます。否定的な注目はできるだけしないようにすることが大切です。

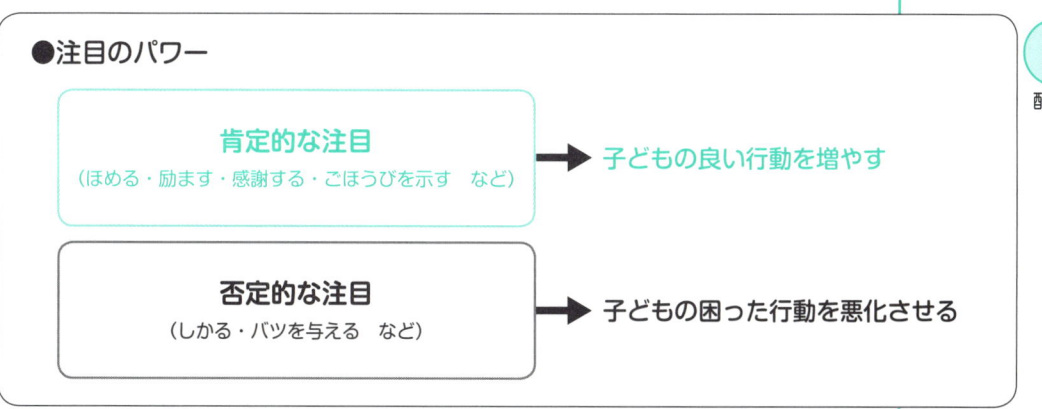

●注目のパワー

肯定的な注目 （ほめる・励ます・感謝する・ごほうびを示す　など）	→ 子どもの良い行動を増やす
否定的な注目 （しかる・バツを与える　など）	→ 子どもの困った行動を悪化させる

CD 04-02
配付資料②

Step 4 困った行動への適切な対応

4 ワーク2／注目のパワーを上手に使おう　20分

> それでは、場面を想定して、注目のパワーを使う演習をしてみましょう。ペアになって、子どもと保育者の役に分かれてください。配付資料③にある脚本を基に実際に場面を演じてもらいます。
> 演じるときのポイントは、困った行動は見て見ぬふりをして、良い行動を「○○しようね」と肯定的に伝えて、良い行動を待つということです。良い行動が少しでも見られたら、すぐにほめます。
> 「空白」のところは、自分の言葉で、子どもをほめてみましょう。

CD 04-03
配付資料③

●午睡前の着替えの場面

保育者　○○君、着替えましょう。
○○　　やだよ、着替えないよ。（と言って、にこにこ、跳びはねている）
保育者　（その行動は見て見ぬふりをして、ほかの子の着替えを手伝う）
○○　　着替えないよ〜。
保育者　（その言葉には反応せず淡々と）○○君着替えるよ。
○○　　やだよ。着替えないよ。
保育者　（ほかの子が着替えているのをほめる）「＿＿＿＿＿＿＿＿＿＿」
○○　　先生、ぼくは着替えないよ、ねえ着替えないよ。
保育者　（見て見ぬふり。ほかの子にかかわりながら着替えていることをほめる）
○○　　（保育者が見てくれないのでつまらなくなり、保育者のそばにくる）
保育者　○○君、着替えに来たの、えらいね。先生手伝うよ。
○○　　（着替えのかごに手をかける）
保育者　着替えたら、絵本を読もうね。
○○　　（着替え始める）
保育者　「（肯定的な注目を与える声かけ）＿＿＿＿＿＿＿＿＿＿」
　　　　「＿＿＿＿＿＿＿＿＿＿」
○○　　着替えたよ。
保育者　「（ほめる）＿＿＿＿＿＿＿」「＿＿＿＿＿＿＿」
○○　　絵本を読むの？
保育者　そうだよ、じゃあ絵本のコーナーで待っててね。
○○　　ぼく、ちゃんと待ってるね。
保育者　「＿＿＿＿＿＿＿＿＿＿」

> 一度の声かけだけでは着替えることができず、また走り回ったらその行動については見て見ぬふりを繰り返します。そして、また先生に近づいてきたら穏やかに「着替えましょう」とタイミングよく伝えていきます。困った行動に注目せず、淡々と行ってほしい行動を伝えていきます。

> ※2回目は、脚本を気にせず、ポイントだけ意識して自由にやり取りしてもよいでしょう。

役を交替してやってみましょう。終わったら、感想も書いてみてください。

（全員の演習が終わったら）

どうですか？　やってみて、どんなことを感じたでしょうか。
最初は、困った行動を見て見ぬふりをすることが難しいかもしれませんが、しかるというネガティブな注目をせずに、ほめるというポジティブな注目を常に子どもに与えるように努力します。
ほめて良い行動を増やすことにより、困った行動を減らしていく支援と考えましょう。

5 レクチャー／良い行動を引き出す声のかけ方・ほめ方　　10分

困った行動には、その行動を見て見ぬふりをしながら、良い行動を待ってほめる、という支援を学びましたが、その際に適切な行動を指示することも必要です。
例えば、走り回っている子には「座りましょう」と声をかけますが、そのときの声のかけ方のコツは、「穏やかに」「近づいて」「静かなトーンで」行うことです。これは、配付資料④にある通り、3つの言葉の頭文字をとって「CCQ」といわれ、子どもに安心感を与える接し方です。
すぐに子どもが走り回ることをやめなくても、繰り返し同じトーンで、「座りましょう」「座ったら、先生とお話しするよ」と伝えてみましょう。やってほしい行動を、端的に伝えることも大切です。

●「CCQ」── 安心感を与える接し方

子どもに安心感を与える接し方として、CCQという考え方があります。

CCQとは、Calm（穏やかに）、Close（近づいて）、Quiet（静かなトーンで）の頭文字を取ったもので、「気持ちを穏やかにして、近づいて、声のトーンを抑えて」言葉をかけるということです。気持ちの余裕がなくなっているときは、このCCQを心の中で唱えてみてください。

CD 04-04
配付資料④

あなたはどんなほめられ方が、うれしいですか？　ストレートに「すごい」「すばらしい」「さすが」と言われるのがよいか、それとも、さりげなく「君のおかげで助けられたよ」「良い結果が出たね」と言われるのがよいか、みんなの前でほめられたいか、1人の場面でほめられるのがよいか……。どうでしょう。

Step 4 困った行動への適切な対応

実は子どもも、好ましく感じるほめられ方はいろいろです。オーバーにほめられることが好きな子、そっとふれられるのが好きな子、にっこりほほえまれるだけでうれしい子など。その子どもがどんなほめられ方を喜ぶのか、把握したうえでかかわれるといいですね。

また、シールが10個たまったら交換にごほうびがもらえる、というように、ほめられたことが見てわかる方法もあります。ごほうびは、物だけではなく、保育者とお話しできる、あそべる、午睡のときにそばに来てもらえるなど、さまざまな方法が考えられます。

良い行動を増やす・困った行動を減らす方法論とともに、それぞれの子どもに合わせて、対応を工夫してみましょう。そして、ほめることを増やして、常に子どもとの温かい関係を保てるようにしましょう。

6 まとめ・振り返り　　5分

演習してみると、子どもの困った行動を見て見ぬふりをすることや適切な指示を出すことが難しいと感じたことでしょう。これも実践を積むことで、自然とできるようになってきます。日ごろから、子どもの適切な行動のみに注目し、「肯定的に・穏やかに・端的に」声をかけることを、みんなで意識して、かかわっていきましょう。

参加者の感想
※著者が実際に研修を行った際の受講者の声です。

- 困った行動が、子どもからのコミュニケーションだという視点は、なるほどと思いました。これからは、「どんな意味があるんだろう」と考えるようにしてみます。
- 赤ちゃんがコミュニケーションを取れるようになると泣かなくなることの意味がよくわかりました。
- 困った行動を見て見ぬふりをするというのは、初めて聞きました。そして実際にやってみると、とても難しいと思いました。
- 子どもの良い行動を引き出す声かけは、ついたくさん話してしまいがちですが、端的に、肯定的に繰り返し伝えることが大切だと学びました。意識して、子どもにかかわりたいと思います。

Step 5 子どもの社会性を育てる

社会性の発達のポイントを学ぶ

これまでは主に子どもの「気になる行動」について、その理解と対応を学んできました。今回は、子どもの基本的な発達を理解したうえでの保育、支援を、社会性をはぐくむことをテーマに、考えていきましょう。

子どもの行動の「なぜ？」を理解することと、肯定的な注目を与えることを学んで、保育への不安が少なくなってきたように思います。

そうですね。子どものことが理解できないと、不安ですからね。

今後は、「困ったときの対処」だけでなく、より積極的に子どもの発達を促す保育をしていきたいと思います。

では今回は、子どもの社会性をはぐくむための大切な視点について学びましょう。社会性の発達のポイントは1歳前後と4、5歳ごろにやってきます。そのポイントの理解と保育、また支援方法を確認しましょう。

子どもの社会性は大切だとわかっているのですが、どうしたらうまく育つのか、保育者として何をしたらよいのか、わからないこともあって……。

今回の学びは、発達の気になる子だけでなく、すべて子どもの発達支援に役立ちます。あそびや子どもへの説明の仕方も紹介しますので、明日から役立つ内容になると思いますよ。

Step 5 子どもの社会性を育てる

これだけは知っておこう！
乳幼児期の社会性の発達
～共同注意・心の理論～

今回の研修では、子どもの社会性について学びます。対人関係の基礎は、乳幼児期にはぐくまれますが、その中でもポイントとなる「共同注意・社会的参照」と「心の理論」の発達について確認しておきましょう。

0、1歳ごろ　共同注意からやり取りあそびへ

子どもには、8か月ごろより、「共同注意」という発達が見られます。大人に愛着を示し、その人と同じ物を見る「共同注意」は、自分の注意を大人と共有したいという、子どもから周囲に働きかけるコミュニケーションの第一歩であるといわれます。また、同じころから、「社会的参照」といって、不安や要求があるとき、大人と目を合わせて確認するような行動も見られます。この時期、こうした大人との相互的な交流がきちんと育っていることが、その後の社会性の発達において重要となります。

そして1歳になるころには、身近な大人とのかかわりの中で、やり取りあそびができるようになります。大人からの働きかけを楽しむとともに、相手の行動を予測できるようになり、その行動を待ってやり取りを繰り返すようになるのです。

対人関係の基礎ともいえるあそびですが、人への関心が希薄な子どもはこのあそびが成立しにくくなってしまいます。

●大人との相互交流をはぐくむには

大人との相互交流を育てるあそびとして、「ソーシャルルーティンのあそび」がよいでしょう。

これは、大人との繰り返しのあるやり取りあそびのことで典型的なあそびが「いないいないばあ」です。子どもは繰り返しのパターンの中で大人の反応を予測して、そのプロセスを楽しみます。人との相互交流をあそびの中ではぐくむのです。

社会性の発達のポイントを学ぶ

4、5歳ごろ　心の理論の発達

相手の視点に立って物事を理解したり、考えたりできる発達を「心の理論」といい、発達は4、5歳ごろから始まるといわれます。つまり、3歳児クラスの後半から4歳児クラスのあたりで、友達と折り合い、協力してあそべるようになっていくのです。

ただ、個人差もあり、4歳でもこの発達を獲得していない子どもはいます。5歳になっても相手の視点に切り替えにくい子どももいます。心の理論の発達を獲得していない子どもは、常に自分視点で物事をとらえるので、自己中心的な言動になりがちです。

●心の理論をはぐくむには

もし、心の理論が育っていないなら「相手の気持ちを考えて」や「相手は嫌がっているのがわからないの？」という声かけは通じません。ですから、まず自分の気持ちを振り返ったうえで、その気持ちは相手も同じと伝え、「自分の気持ち（自分視点）」から「相手の気持ち（相手視点）」に切り替えられるよう、段階を踏んで伝える必要があります。

話すだけでは理解が難しそうなら、右記のように簡単な絵をかきながら説明する方法も有効です。

①車のおもちゃであそびたいと思って取りに行ったら……。

②Aちゃんと取り合いになった。僕はあそびたいのにAちゃんはずるい。

③車であそびたい僕の気持ちと、Aちゃんの車であそびたい気持ちは同じ。

④車であそびたい気持ちは僕もAちゃんも同じ。Aちゃんはずるくない。

Step 5 研修 子どもの社会性を育てる

社会性の発達のポイントを学ぶ

プログラム

1. イントロダクション／社会性の発達に大切なこと　10分
2. ワーク1／子どもの発達状況を評価してみよう　15分
3. レクチャー／ソーシャルルーティンのあそびとは　10分
4. ワーク2／ソーシャルルーティンのあそびを探そう　10分
5. レクチャー／心の理論について知ろう　10分
6. ワーク3／コミック会話をかいてみよう　15分
7. まとめ・振り返り　5分

所要時間 **75分**

用意する物・配付資料 5枚

CD 05-01 配付資料①
CD 05-02 配付資料② 
CD 05-03 配付資料③ 
CD 05-04 配付資料④ 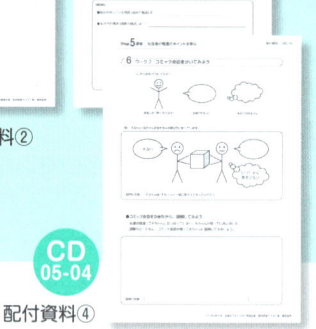
CD 05-05 配付資料⑤ 

※配付資料は付録のCD-ROMにデータが収録されています。

1 イントロダクション／社会性の発達に大切なこと　10分

1歳前後の子どもは、大人に愛着を示し自分の好きなおもちゃを持ってきて一緒にあそんでほしいと要求したり、不安なときは大人と目を合わせて、大丈夫かどうかを確認したりします。この発達を「共同注意」「社会的参照」といって、こうした子どもの大人との相互交流がこの時期にきちんとできていることが大切です。

また、4、5歳ごろから相手の視点から物事をとらえて、行動することができるようになってきます。この発達を「心の理論」といい、このような発達を通

社会性の発達のポイントを学ぶ

過していないと、あそびや人とのかかわりの中で、心配な状態や行動が出てくることが考えられます。

●子どもの社会性の発達には、1歳前後の「共同注意・社会的参照」と、4、5歳ごろから見られる「心の理論」が大切です。

1歳前後～　（共同注意）　大人と一緒に、同じ物を見る。
　　　　　　　　　　　　指さした物を見たり、おもちゃを介してあそんだりする中で見られる。

　　　　　　（社会的参照）要求や訴えを伝える際、また、「大丈夫？」と確認するために大人と視線を合わせる。

4、5歳～　（心の理論）　相手の視点から物事をとらえて、考えたり行動したりできるようになる。

2 ワーク1／子どもの発達状況を評価してみよう　15分

配付資料①に、1歳前後の子どもの発達状況を確認する項目を挙げてみました。園の1歳前後の子どもをイメージして、1つずつ確認しながら評価をつけてみましょう。

●1歳前後の子どもの評価

人から自分の名前を呼ばれたとき、タイミングよく反応する	はい・要観察・いいえ
人からの言葉とジェスチャーに適切な反応を返すことができる	はい・要観察・いいえ
自分の持っている物を「ほら見て」というように大人に見せようとする	はい・要観察・いいえ
楽しいことがあると必ず大人の顔を見て全身で喜びを表現する	はい・要観察・いいえ
「びっくりした」「怖い」などを感じたとき、安心を求めるため大人にしがみついたりする	はい・要観察・いいえ
いないいないばあを繰り返し楽しむことができる	はい・要観察・いいえ
大人からのほほえみに、目を合わせてほほえみ返す	はい・要観察・いいえ
大人から指示されなくても自発的に、ばいばいやあいさつをする	はい・要観察・いいえ

どうですか？
それぞれ「はい」と評価できたとしても、その回数が極端に少なかったり、表

Step 5 子どもの社会性を育てる

情が乏しかったりする場合は、「要観察」としておきましょう。これらは主に、共同注意や社会的参照の発達状況を確認するものでもあります。1つでもOKにならない項目があれば、1歳前後の社会性の発達にリスクがあると考えます。心配しすぎる必要はありませんが、意識してかかわりを増やし、これから紹介するような、社会性をはぐくむあそびを取り入れていくとよいでしょう。

3 レクチャー／ソーシャルルーティンのあそびとは　10分

この時期の大人との相互交流、社会性をはぐくむあそびとして大切なのが「ソーシャルルーティンのあそび」です。これは、大人との繰り返しのあるやり取りあそびのことで、典型的なあそびが、「いないいないばあ」です。

子どもは繰り返しのパターンの中で、大人の反応を予測して、そのプロセスを楽しみます。繰り返しのパターンがあることで安心して、大人からの働きかけを受け入れます。予測もしやすくなります。人との相互交流を、あそびの中ではぐくむのです。

もし、こうしたあそびが成立しにくい、視線が合いにくい、人よりも物への関心が強いといった傾向がある子どもがいる場合は、あそびを工夫してみましょう。子どもの好きなおもちゃを使って大人があそんでみせ、それを繰り返す……という方法ですが、その中でいくつかの工夫ポイントがあります。例として1つ配付資料②に載せましたので、見てください。

CD 05-02 配付資料②

例）風船でソーシャルルーティンのあそび

①大人が子どもの前で風船を膨らませる。子どもはその様子をじっと見る。

②膨らました風船を大人が飛ばし、子どもはその様子を目で見て追いかけ、楽しむ。

③子ども自ら風船を拾いに行く。行かない場合は大人が「拾って」と伝える。

④風船がしぼんだら、子どもは大人に「やって」と持ってくるはず。大人は子どもと視線を合わせ、合ったところで再度、風船を膨らませる。

ポイントは、子どもが「やって」と要求するとき、大人と視線を合わせることです。言葉はなくてもいいのです。

そして、もう1つ、視線が合った瞬間に、その要求にこたえること。ここでは、

社会性の発達のポイントを学ぶ

風船を膨らませることですね。そうすることで、子どもは、「大人と視線が合うと楽しいことが起こる」と理解するのです。
風船だけでなく、コマ回しや紙飛行機など、いろいろなあそびでできます。要は、子ども1人ではできないことをやってみせて、「やって」という要求を誘うのです。言葉のいらないコミュニケーションを、あそびで成立させる、ということです。

4 ワーク2／ソーシャルルーティンのあそびを探そう　10分

大人とやり取りのあるあそび、同じパターンで繰り返すあそびが「ソーシャルルーティンのあそび」です。
では、日ごろ行っているあそびの中で、ソーシャルルーティンの要素をもつあそびを探してみましょう。手あそびやわらべうたなど、身近なあそびから見つかるはずです。

ソーシャルルーティンのあそび（配付資料②　記入例）

> やり取りがあって、同じパターンで繰り返すあそびを挙げてみましょう。
>
> ・どっちにはいっているか？
> ・一本橋こちょこちょ
> ・シャボン玉

5 レクチャー／心の理論について知ろう　10分

ここまで、1歳前後に発達する「共同注意」とその発達を促すあそびについて学んできました。次に、同様に社会性の発達において重要な「心の理論」について学びましょう。
これは、「相手の視点に立って物事が理解できるようになる」というもので、発達が始まるのは4、5歳ごろが目安となります。「心の理論」の発達を通過していない子どもは、常に自分視点で物事をとらえるので自己中心的な言動になるといわれています。子どもがこの「心の理論」を通過しているかどうかを知る一つの目安として、次のような課題があります。配付資料③を見てください。

Step 5 子どもの社会性を育てる

●ボールの課題

①女の子が部屋でボールあそびをしています。あそびに飽きた女の子は、ボールをそばにあったかごにしまって外に出かけました。

②そこに弟がやってきて、かごの中のボールを見つけました。弟は明日、そのボールを園に持っていこうと思い、かばんにボールを入れ、外にあそびに行きました。

③そこへ、外から女の子が戻ってきました。そして、またボールであそぼうとした女の子。かごとかばん、どちらを探すでしょうか？

答えはもちろん「かご」になります。
なぜなら女の子は弟が、かばんにボールを移動させたことを知らないからです。つまり、この課題をする子どもは、自分が知っている状況（自分視点）から、登場する女の子の視点（相手視点）に切り替えなければならないのです。相手の立場に立つというのは、こういうことなのです。

4歳でもこの発達を通過していない子どもはいます。5歳になっても相手の視点に切り替えにくい子どももいます。「相手の視点に立つ」という発達をとげているか──子どもを支援するときにはその判断が大切なのです。
心の理論が育っていない場合、「相手の気持ちを考えて」や、「相手は嫌がっているのがわからないの？」という声かけは通じません。
どうしたらいいかというと、まずは自分の気持ちを振り返るように伝えます。例えば、「おもちゃが欲しかった」「ぶたれて痛かった」「一番になりたかった」などです。そのうえで、その気持ちは相手も同じだよと伝えましょう。いきなり「相手の気持ちを考えなさい」というよりも「自分の気持ち（自分視点）」から「相手の気持ち（相手視点）」に切り替えられるように、段階を踏んで伝えることが大切です。

社会性の発達のポイントを学ぶ

6 ワーク3／コミック会話をかいてみよう　　15分

相手の視点を子どもに伝えたいとき、その子が言葉だけではわかりにくい場合、絵をかいて説明する方法があります。「コミック会話」といって、4コマ漫画のようにその場の状況を経過に沿って書いて説明していくのです。状況を客観的に示すことで、理解が進み、誤解が解けたり、相手の視点に切り替えられたりします。

まずは、ワークシートにある例を見てください。AちゃんとBちゃんが、おもちゃの取り合いをしているところです。その場で絵をかきながら相手の思いを説明します。話をしながらかくので、人物は棒人形など、簡略化したものでOKです。

例）AちゃんとBちゃんがおもちゃの取り合いをしています。

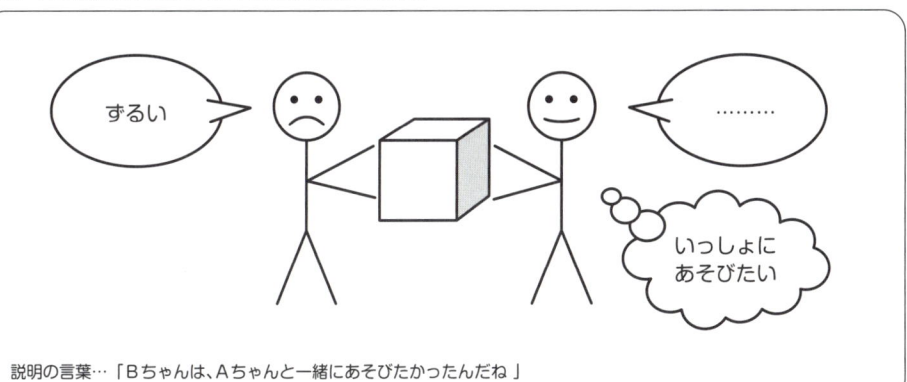

（棒人形のイラスト：Aちゃん「ずるい」／Bちゃん「………」、Bちゃんの心の中「いっしょにあそびたい」）

説明の言葉…「Bちゃんは、Aちゃんと一緒にあそびたかったんだね」

CD 05-04
配布資料④
※ワークシートを見ながら、かき方を説明しましょう。

ここでは、おもちゃを取り合うAちゃんとBちゃん→「………」と「ずるい」の吹き出し→Bちゃんの気持ちの吹き出しの順にかきました。Bちゃんは、黙っているけれど、心の中では「Aちゃんと一緒にあそびたい」と思っているということを絵にして、Aちゃんに説明するためです。このコミック会話により、AちゃんはBちゃんの気持ちがわかって、おもちゃを使って一緒にあそぶことができました。

Step 5 子どもの社会性を育てる

では、次に皆さんもかいてみましょう。2人組になって、1人が保育者役で、もう1人はAちゃんです。配付資料④にある例題「友達が間違ってAちゃんにぶつかってしまい、Aちゃんが怒ってしまいました。誤解をとくために、コミック会話を使ってAちゃんに説明してみましょう。」に沿って、簡単な絵をかきながらAちゃんに説明してみましょう。

コミック会話をかきながら、説明してみよう（配付資料④　記入例）

「いたい」　　　「いそがなきゃ」

説明の言葉…「わざとじゃないよ。急いでいて気がつかなかったんだね　　　」

※ポイントは、「わざとぶつかったのではない」という相手の視点と状況を説明することです。

7 まとめ・振り返り　　5分

今回は、子どもの社会性をはぐくむための視点として、1歳前後と4歳ごろの発達のとらえと、アプローチについて学びました。
どの子どもにもこの時期の発達の評価をして、リスクがあると思ったら今回研修で学んだあそびや配慮をしていくことが大切です。焦らずに支援と環境を用意して、子どもの成長を見守る温かいまなざしが必要です。ポイントを押さえて丁寧にかかわっていきましょう。

参加者の感想

※著者が実際に研修を行った際の受講者の声です。

- 日々の中で子どもの姿を見ていて、気になる状態は「共同注意」と「社会的参照」、「心の理論」という発達だったのだと整理されました。
- 子どもたちの社会性の発達をとらえる視点が理解できたので、不安が少なくなりました。
- 今まで、友達とのトラブルの際に「相手の視点」から、説明をしていました。今回、自分視点から相手の視点に切り替えるという方法を学んで、なるほどと思いました。

Step 6 就学に向けた支援
特別支援教育と就学支援を学ぶ

ここまで、園の保育の中での支援についてさまざまな視点から考えてきましたが、こうして園で丁寧な支援を受けた子どもたちの卒園後も気になりますね。就学に向け、保育者としてできることを探っていきましょう。

子どもの理解は進んできました。保育の中での対応も具体的な工夫を試みて、成功体験も経験できるようになっています。

日々の保育の中で、考え、支援し、評価し、次の支援につなげるというプロセスになってきているのでしょう。

今回は、子どもの就学に向けての支援について学びたいと考えています。**保育園・幼稚園と学校では子どもに必要なスキルが異なることもあると思うのですが。**

そうですね。小学校生活に向けて、園で準備してほしいことはあります。そのためには、今の学校の現状を理解しておくことも必要ですね。

「幼保小連携」をいかに実践したらいいのか。就学の準備、保護者支援、学校とのつながりについて、知りたいことがたくさんあります。

途切れのない支援ということもよくいわれます。幼児期に丁寧に支援したことを、学校に引き継ぐための方法を学びましょう。

Step 6 就学に向けた支援

これだけは知っておこう！ 特別支援教育

今回は、就学後の子どもたちの生活を見通したうえで、園ではどんな準備や支援が必要かを学ぶ研修です。そのために必要な情報として、特別支援教育について確認しておきましょう。

「障害児教育」から「特別支援教育」へ

> **特別支援教育**
> 障害のある幼児児童生徒の自立や社会参加に向けた主体的な取組を支援するという視点に立ち、幼児児童生徒一人一人の教育的ニーズを把握し、その持てる力を高め、生活や学習上の困難を改善又は克服するため、適切な指導及び必要な支援を行うものです。
> 平成19年4月から、「特別支援教育」が学校教育法に位置づけられ、すべての学校において、障害のある幼児児童生徒の支援をさらに充実していくこととなりました。
>
> （文部科学省ホームページより）

これは、平成19年に文部科学省が「障害児教育」から「特別支援教育」へと移行したときに発表したものです。このときから「障害児」ではなく「特別な支援が必要な子ども」と称することとなり、障がいのある子どもとない子どもを分けることなく「支援が必要な子どもは、必要なときに支援を受けられる教育」が保障されたということになります。

特別な支援が必要とされる子どもたちの学校選択

では、特別な支援が必要な子どもはどのくらいいるのでしょうか？
平成24年度の調査では、通常の学級にいる発達障がいの可能性のある特別な教育的支援が必要な子どもの数は、小学校で7.7％。そのうち1年生では9.8％いるという結果になりました。つまり、幼児期にも約1割程度支援が必要な子どもがいるという理解になります。発達がゆっくりな子どもも含めるとさらにその割合は増えることが予測されます。
そして、今の学校教育のシステムには、この1割以上の子どもたちの就学先として、「特別支援学校」「特別支援学級」「通常の学級」の3つがあります。

特別支援教育と就学支援を学ぶ

特別支援学校
視覚障がい、聴覚障がい、知的障がい、肢体不自由、病弱のある児童生徒が対象。幼稚部、小学部、中等部、高等部があり、幼稚園、小・中学校、高等学校に準ずる教育を行うとともに、障がいによる学習上・生活上の困難を克服し自立を図るために必要な知識技能を授けることを目的としている。

小学校

特別支援学級
知的障がい、肢体不自由、病弱・身体虚弱、弱視、難聴、言語障がい、自閉症・情緒障がいなどのある児童生徒を対象とし、発達の状態により特別な支援に柔軟に応じる教育を目標とする。小・中学校に置かれ、少人数の学級（上限8人）に複数の担任を配置。大きくは以下2つの学級に分かれる。

＜知的障がい児学級＞
知的発達の遅れがあり、他人との意思疎通に軽度の困難があり、日常生活を営むのに一部援助が必要で、社会生活への適応が難しい児童生徒に対して、小集団もしくは個別の教育を行う。

＜自閉症・情緒障がい児学級＞
知的な遅れを伴わず、自閉症のほか情緒障がいのある児童生徒が対象。自閉症については、言語の理解と使用や場に応じた適切な行動などの指導が行われ、心因性の選択性かん黙については、安心できる環境の中で情緒安定のための指導を行う。

通常の学級

通級による指導（通級指導教室）
言語障がい、自閉症、情緒障がい、弱視、難聴、LD、ADHDなどのある児童生徒が対象。基本的には、通常の学級で授業を受け、必要に応じて週に半日程度通常の学級から離れて通う。対人関係や社会性、行動面などの問題の改善と環境への適応を目標とし、自立活動を中心に、必要に応じて各教科の補充指導を小集団または個別で行う。

このうち特別支援学級には知的障がい児学級と自閉症・情緒障がい児学級があり、知的障がい児学級には知的に遅れのある子どもが、自閉症・情緒障がい児学級には知的に遅れのない子どもが行くことになります。知的に遅れのない子どもでも、大きな集団だと、生活の困難さが大きいという場合、特別支援学級を選択します。

- ●知的に遅れのない子ども → 通常の学級のみ
  通常の学級 ＋ 通級指導教室
  特別支援学級（自閉症・情緒障がい児学級）

- ●知的に遅れのある子ども → 特別支援学級（知的障がい児学級）
  特別支援学校

ただ、自治体によっては、この自閉症・情緒障がい児学級が1つもない所があります。そうなると、大きな集団では適応が難しい、生活の困難さが大きいとしても、知的に遅れがなければ、通常の学級を選択しなくてはなりません。

なお、就学先の選択においては、上記のような判断基準に加え、保護者の希望も含めて検討しますし、各自治体の状況によっても判定が異なることがあるので、はっきりとした基準が出せるようなものではありません。それぞれの状況を理解したうえで、適切な就学先を考えていきます。また、家族の状況（保護者の就労・きょうだいの学校・通学の距離など）を加味して、子どもも家族も通学しやすい学校を選択する視点も大切です。

Step 6 就学に向けた支援

特別支援教育

就学先決定までの流れ

　なお、心身に障がいがある、気になる様子が見られるなどで、就学への不安がある場合、保護者の各自治体への申し込みによって、就学相談を行います。このしくみは自治体によって異なりますが、主に以下のような経過をたどります。

①**就学相談**……相談員との面接、臨床心理士による検査、医師問診による状況把握

　↓

②**訪問観察**……相談員らが園を訪問し、子どもの普段の様子を観察

　↓

③**就学指導協議会**……特別支援学級設置校校長や学級担任など専門家による協議

　↓

④**保護者面接**……協議会での判断を保護者に伝え、十分に話し合う

　↓

⑤**就学先決定**

　この就学相談からの一連の支援には、専門の相談員があたります。保育者が就学先決定に直接かかわることはありませんが、この一連の流れを知ったうえで、その過程で揺れ動く保護者の心を支えるよう心がけましょう。

就学に向けて、子どもの状態を確認する視点

　就学先を検討する際、子どもの状態を主に「知的能力」と「集団適応」、２つの視点から判断します。

●知的能力の視点では

　子どもの発達が年齢相応か否かという「知的能力」については、標準化された発達検査や知能検査で測ります。標準化された検査なので、発達指数や知能指数という数値で、平均的な発達をしているか？　それともさらに発達が進んでいるのか、発達がゆっくりなのかが評価されます。

　例えば、「田中ビネー検査」では、ＩＱ（知能指数）がわかりますが、平均が100という数値で、80以下だと発達がゆっくりなので、年齢相応の対応だけで発達を支えていくのは難しいという判断になります。

特別支援教育と就学支援を学ぶ

　また、検査によっては、発達の凸凹を見るものもあります。1つの脳の中でも、高性能の働きをするところ、普通のところ、あまりうまく働かないところがあり、これがだれにでもある知的能力の凸凹となります。この凸凹の差があまりない場合は、「得意」「苦手」というとらえになりますが、その差がとても大きいと凸は「才能」として能力が高い部分ととらえられ、凹は生活するうえで支障の出る「障がい」というとらえになります。

| 障がい | 苦手 | 得意 | 才能 |

　顔が一人一人違うように、脳の働き方も一人一人異なります。それぞれがその人の知的能力なので、優劣をつけるべきものではありませんが、その知的能力に応じた学習スタイルを選択する必要はあります。

●集団適応の視点では

　「集団適応」については、同年齢集団の中での年齢相応の振る舞いや対人関係を見ていきます。通常の学級の場合、35名程度のクラスの中で、「先生の話を着席して聞き、理解し行動することができる」「学校でのルールを守り、苦手なことにも取り組むことができる」「着替えや食事などの基本的生活習慣が身につき、身辺整理ができる」ということが必要となります。発達の大きな遅れがなくても、そうした「集団適応」ができるか、難しいかで判断することが必要です。

＜通常の学級の集団適応に必要なスキル（入学時を想定して）＞

1．基本的生活習慣の自立
　　・トイレが自分でできる　・食事が自分でできる　・自分で着替えて片付けられる

2．話の理解と行動
　　・話を最後まで聞く　・集団場面で言われたことを理解し行動できる　・わからないことは大人に聞くことができる

3．コミュニケーション
　　・友達と会話のやり取りをする　・「かして」「いれて」「ごめん」「ありがとう」を、友達に自発的に言える
　　・必要な場面において、言葉で大人に助けを求めることができる

4．集団適応行動
　　・集団あそびをルールに従って行う　・順番に並んで、待つことができる
　　・行事のときにみんなと一緒に座ることができる

Step 6 就学に向けた支援

研修 特別支援教育と就学支援を学ぶ

プログラム
1. イントロダクション／知的能力と集団適応の視点　　10分
2. ワーク1／子どもの就学先を検討してみよう　　20分
3. ワーク2／就学支援シートを記入してみよう　　35分
4. まとめ・振り返り　　10分

所要時間 **75分**

用意する物 ・配付資料 8枚

CD 06-01 配付資料①
CD 06-02 配付資料② 
CD 06-03 配付資料③ 
CD 06-04 配付資料④ 
CD 06-05 配付資料⑤ 
CD 06-06 配付資料⑥ 
CD 06-04A 配付資料④別紙A
CD 06-04B 配付資料④別紙B

※配付資料は付録のCD-ROMにデータが収録されています。
※配付資料④別紙A、Bは、書き込み可能なWord文書も収録されています。実際に就学支援シートとしてご活用ください。

1 イントロダクション／知的能力と集団適応の視点　　10分

※P.69で解説したように、自閉症・情緒障がい児学級の設置数には地域差があります。この機会に就学先決定までのプロセスや地域独自の取り組みなどを確認し、共有しておくとよいでしょう。

今、子どもたちの就学後の学習の場として、通常の学級と通級指導教室、特別支援学級（知的障がい児学級、自閉症・情緒障がい児学級）、特別支援学校があります。子どもの発達の状況と、保護者の希望を総合的に考えて就学先を決めるのですが、保護者がその選択に困る場合、各自治体の「就学相談」を受けることになります。

就学相談には専門の相談員が対応し、主に「知的能力」と「集団適応」を評価し、保護者の相談に乗りながら、就学先の判定を出します。

特別支援教育と就学支援を学ぶ

この２つの視点については、配付資料①に載っていますので見てください。

- ●知的能力の視点
  子どもの発達が年齢相応か否かという視点。標準化された発達検査や知能検査で測る。検査の種類によっては、発達の偏り・凸凹をみるものもある。
- ●集団適応の視点
  同年齢集団の中での年齢相応の振る舞いや対人関係を見る。35名程度のクラスの中で「教師の話を着席して聞き、理解し行動することができるか」「着替えや食事などの基本的生活習慣が身につき、身辺整理ができるか」など、具体的な姿から判断する。

配付資料① CD 06-01

例えば、田中ビネーという知能検査ではＩＱがわかりますが、80以下だと発達がゆっくりなので、年齢相応の対応で発達を支えていくのは難しいという判断になります。

集団適応については、子どもの具体的な姿から判断することになりますが、発達の大きな遅れがなくても、１クラス約35人という同年齢集団の中で適応できるかどうかという視点はとても大切です。

2 ワーク1／子どもの就学先を検討してみよう　20分

では、次に、子どもの就学先を考えるグループワークを行います。実際、就学先の決定に保育者が直接かかわることはありませんが、こうしたワークを行うことで、専門家がどのような観点で子どもの姿をとらえ、評価しているのかがわかります。

では、資料に書かれた５歳児クラスの４人について、それぞれ適切な就学先を考えてみましょう。それぞれのケースを読んで、グループごとに話し合ってください。その際、配付資料①の「就学先選択の目安」も参考にしてください。

- ●就学先選択の目安
  - ●知的に遅れのない子ども → 通常の学級のみ
                            通常の学級＋通級指導教室
                            特別支援学級（自閉症・情緒障がい児学級）
  - ●知的に遅れのある子ども → 特別支援学級（知的障がい児学級）
                            特別支援学校

配付資料① CD 06-01

A君　日ごろの様子からは、年齢相応もしくはそれ以上の理解があり、みんなのリーダー格として行動することも多い。しかし、自分の思い通りにならないと怒り出したり、ほかの子をたたいたり乱暴な行動が目立つ。じっとしているのが苦手で、あらゆる場面で落ち着かないのが気になる。

就学先は……（　　　　　　　　　　　）

配付資料② CD 06-02

73

Step 6 就学に向けた支援

Bちゃん 年齢相応の理解はあると思うが、自信がないのか常に不安気な表情で行動している。1対1で話すと、しっかりした答えが返ってくるが、集団場面ではほとんど話さず、おどおどしているという印象。あそびは特定の子となら楽しくあそぶ様子が見られるが、それ以外の子どもとはほとんどしゃべらない。

就学先は……（　　　　　　　　　　　）

C君 大人の指示を理解して行動することが難しく、発達はゆっくりで標準的なものと比べると1歳以上の開きがあるという感じである。いつもにこにこしているが、友達とのやり取りも成立しにくい。集団ゲームなど、ルールがある活動では、周囲の動きについていけず、ときどき固まってしまうことがある。

就学先は……（　　　　　　　　　　　）

Dちゃん 発達の進み方は明らかにゆっくりで、着替えや食事、排せつなども自立できず、大人の支援が必要である。言葉の表出も1語文で、要求はできるが言葉で拒否するのが難しく、泣いたり、時にかんしゃくを起こしたりすることもある。

就学先は……（　　　　　　　　　　　）

どうですか？
それでは、それぞれについて確認してみましょう。

※ここは、講師がすべて解説をするのではなく、グループごとの見解を発表してもらうようにしてもよいでしょう。

A君、Bちゃんは知的な遅れがない子どもと判断されますので、通常の学級のみ、通常の学級＋通級指導教室、特別支援学級（自閉症・情緒障がい児学級）のいずれかの選択となるでしょう。
A君は、通常の学級だけだと集団適応が順調に進まないリスクがありそうなので、通級指導教室に通うと思われます。
BちゃんもA君と同様の選択もできますが、たくさんの子どものいる学級での不安の大きさを考えると特別支援学級（自閉症・情緒障がい児学級）の選択もできそうです。
C君、Dちゃんは知的な遅れがある子どもと判断されますので、特別支援学級（知的障がい児学級）もしくは特別支援学校の選択となるでしょう。この学校の選択は、知的な遅れの大きさと、支援の必要性の大きさにより変わります。

就学先は保護者の希望も含めて検討しますし、各自治体の状況によっても判定が異なることがあるので明確な基準を出すのは難しいのですが、子どもの状況を理解したうえで、適切な就学先を考えていきます。
また、ご家族の状況──母親の就労・きょうだいの学校・通学の距離なども加味して、子どもも家族も通学しやすい学校を選択する視点も大切になります。

特別支援教育と就学支援を学ぶ

3 ワーク2／就学支援シートを記入してみよう　　35分

次は、実際に就学支援シートを記入してみましょう。就学支援シートは、園での子どもの様子や行っている支援について就学先に伝え、引き継ぐための書類です。主に発達に不安があり就学先への申し送りを要するケースについて、任意で使用しています。各自治体によってさまざまな書式がありますが、ここでは、記入する内容が比較的多いタイプのシートを例に挙げてみました。

4人程度のグループに分かれ、1人の子どもを取り上げます（できれば5歳児クラスの子ども）。その子について、まず、それぞれで記入してみましょう。
その際、就学先の担任などシートを読む相手のことを考えたうえで記入することが大切です。このポイントは配付資料③にも記載していますので、確認しましょう。

※就学支援シートを書き慣れていない、初めて書く、というメンバーが多い場合は、シートの各項目の説明を丁寧に行いましょう。

●記入の際、頭に置いておくこと
1．子どもの理解には時間がかかる
　→ この支援シートですべてを理解してもらおうと思わない。
2．先生にとっては生徒20～30人の中の1人である
3．先生は想像以上に忙しい
　→ どうしても知っておいてほしいことだけを記し、確実に読んでもらえる内容にする。

CD 06-03
配付資料③

つまり、すべてを埋めなくてもよいということです。
4月当初、子どもの指導にあたって、どうしても知っていてほしいことに絞って記録しましょう。それ以外は、学級で子どもと付き合ううちに先生が状況をつかんでいけばよいと考えます。
なお、記入のヒントとして、各項目の記載例を入れたもの（配付資料④）を配付します。その中から選択して記入してもいいですし、書き方に迷ったときの参考として見るのもいいでしょう。
特に記入する必要がない欄は、無理に埋めずに、空白のままにしておいてください。

※すべてを埋めなくてよい例として、先に配付資料⑤の記入例を確認してもよいでしょう。

（個別に記入　15分程度）

どうでしょう。だいたい記入できましたか？
では、次にそれぞれ記入したものを、グループ内ですり合わせ、意見を交換します。そのうえで、必要な情報をできるだけコンパクトにまとめてみましょう。

（話し合いとまとめ　25分程度）

Step 6 就学に向けた支援

●就学支援シート ＜記入のヒント＞
※各項目の記入のヒントを挙げました。実際はすべての項目を埋める必要はありません。

配付資料④ CD 06-04

	幼稚園・保育園から
健康・身体に関すること ・健康上の必要な配慮点 ・身体上の必要な配慮点 ・粗大運動 ・手・指の動き、巧ち性 ・動作の模倣	・聴覚の過敏さがあり、音楽のプログラムのときは適宜休憩をとっていた。 ・手先の不器用さがあり、製作に時間がかかるので保育者に作業を適宜手伝ってもらっていた。 ・動いているものをうまくとらえることができず球技など苦手さが大きい。適宜見学をし、自信を失わないようにした。 ・模倣しながら、自分の体の動きを相手に合わせることが苦手で、リズム運動などはできる範囲で楽しく参加することを心がけた。
人とのかかわりに関すること ・1対1の関係 ・かかわりの相手 ・どのような場面・場所 ・言語・指示理解の程度・状況 ・意思疎通の方法 ・コミュニケーション	・大人との1対1の関係では、要求、拒否、援助要求を言葉で伝えることができるが集団場面では難しい。個別に声をかけて本人の意思を確認した。 ・2つ以上の言葉の指示を覚えて行動することが難しいので、指示は端的に1つずつとした。 ・言葉の理解は年齢相応にあるが、自分の考えや気持ちを表現することが難しい。言わせることより安心できる環境を用意した。 ・対人関係で緊張が高まりやすいので、静かに休息できる場所を用意した。
日常生活に関すること （あそびや製作の様子も含む） ・身支度 ・食事 ・トイレ ・幼稚園や保育園などにおける活動の様子から ・療育機関などでは、個別指導や集団指導における課題への取り組み ・あそび・製作・課題の様子 ・好きなこと（場面） 　苦手なこと（場面）	・身支度はできるが、注意がそれやすいので適宜声かけが必要であった。 ・食事は好き嫌いがあるが、嗅覚の過敏さが影響しているので食べられるものだけを楽しく食べることを心がけた。 ・1人あそびが多かったが集中し落ち着いてあそべていた。 ・好きなことは、1人で静かに絵本を読むこと、ブロックであそぶこと、電車について話すこと。 ・苦手なことは、鬼ごっこやドッジボールなどの体を動かすゲーム。
性格・行動に関すること ・性格の特徴 ・行動の特徴 　例：多動性、衝動性、 　　自傷・他害行為、パニック、 　　つめかみ、指しゃぶり、チック、 　　きつ音、場面かん黙 など ・興味や関心のある事柄や範囲とその程度 など	＊長所と短所は裏表の関係にあります。性格については、長所という視点で書きましょう。 ・まじめ⇔融通がきかない　・活発⇔落ち着かない　・優しい⇔優柔不断 ・頑固⇔しんが強い　・自分のスタイルを曲げない⇔マイペース ＊行動に関することは、支援についても記入できればさらによいでしょう。（⇒以降が支援） ・感覚の過敏さがありストレスを抱えやすい。 　⇒ストレスが大きくならないうちに静かな部屋で過ごす時間も設けた。 ・動きたい衝動がコントロールできず、落ち着かない場面が多い。 　⇒室内用のトランポリン、バランスボールなどを利用し容認できる方法で体を動かすことを保障した。 ・急な変更には泣いたり大きな声を出すこともあった。 　⇒変更の予告を心がけ、上記のような状況になったときは静かな部屋で気持ちを落ち着ける練習をした。 ・緊張の高い場面では、目をぱちぱちする行動が見られた。 　⇒本人からのサインと受け止め、大人がそばにつき、安心できるような声かけを心がけた。
指導上の工夫や必要な配慮 ・大切にしてきた内容や方法 ・就学後の支援に向けて	＊今までで記載できなかった重要な支援に関して記入します。 　学校で支援してほしいことにふれてもよいでしょう。 ・不注意が原因で忘れてしまうことが多いので、メモを書いてやることや必要な物を確認させた。連絡帳の記入など先生に確認をしていただきたい。 ・失敗に弱く、気持ちが落ち込みやすいので「失敗は成功のもと」という言葉を教え、自分を励ます方法で切り抜けるように支援した。 ・感覚の過敏さに関しては、座席やパーテーションの利用などを行いたくさんの情報が入りすぎないように配慮した。座席は前方、真ん中がよいと考える。 ・友達とのトラブルについては、大人が仲立ちとなり互いの言い分を通訳し、相手の意向も受け止められるように支援した。 ・自分の言いたいことを強い口調で主張することがあるので、伝え方を具体的にアドバイスした。学校でもしからずに、「こう言うとよい」という具体的な言葉を示していただきたい。

特別支援教育と就学支援を学ぶ

●就学支援シート ＜記入例＞　　　　　　　　　　　　　　　　　　　　　　　　　　　　(配付資料④別紙A)

	幼稚園・保育園から	療育機関から	保護者から
健康・身体に関すること ・健康上の必要な配慮点 ・身体上の必要な配慮点 ・粗大運動 ・手・指の動き、巧ち性 ・動作の模倣	・手先の不器用さがあり、製作活動など時間がかかるため、別に時間を設けて個別に対応していった。		
人とのかかわりに関すること ・1対1の関係 ・かかわりの相手 ・どのような場面・場所 ・言語・指示理解の程度・状況 ・意思疎通の方法 ・コミュニケーション			
日常生活に関すること (あそびや製作の様子も含む) ・身支度　・食事　・トイレ ・幼稚園や保育園などにおける活動の様子から ・療育機関などでは、個別指導や集団指導における課題への取り組み ・あそび・製作・課題の様子 ・好きなこと(場面) 　苦手なこと(場面)	・身支度は一通りできるが、手先が不器用なため時間がかかる。余裕をもって取り組めるよう、早めに始めるなど声をかけていった。		

(配付資料④別紙B)

	幼稚園・保育園から	療育機関から	保護者から
性格・行動に関すること ・性格の特徴 ・行動の特徴 　例：多動性、衝動性、 　　自傷・他害行為、パニック、 　　つめかみ、指しゃぶり、チック、 　　きつ音、場面かん黙　など ・興味や関心のある事柄や範囲とその程度　など	・苦手なことに対して、すぐにあきらめがちで、できないことでストレスを抱えやすい。 ⇒苦手な活動の場合はなるべく個別の対応を心がけ、手伝いながらでも自分でできた達成感を味わえるようにした。		
指導上の工夫や必要な配慮 ・大切にしてきた内容や方法 ・就学後の支援に向けて	・手先の不器用さから、製作、書字などに苦手さがある。できないと言って取り組むのをやめてしまったり、落ち込んだりすることがあるので、時間をかければできると声をかけながら、個別の対応を心がけた。 就学後も自己肯定感を下げないよう配慮をお願いしたい。		
その他			

CD 06-05

配付資料⑤

※ここで使用するシートは、東京都狛江市教育委員会で作成した就学支援シートを基に、研修用として一部変更したものです。

Step 6 就学に向けた支援

4 まとめ・振り返り　　10分

今回は、就学支援シートを作成してもらいました。子どもの状況を端的に、的確に書くことの難しさを感じたと思います。優先順位を考えて、どうしても伝えたいことを選択する視点が大切ですね。

また、就学支援シート以外にも、現場ではさまざまな連携が行われています。例えば、

- 小学校の先生に夏休みを利用して保育園にあそびに来て子どもとふれ合ってもらう。その際に、子どもの情報を共有する
- 小学校の校長先生が、保育園・幼稚園の保護者会に参加し、小学校の紹介をする。その機会に子どもの情報を共有する
- 幼稚園・保育園・小学校合同の研修を行う。内容は、「発達障がいのある子どもの理解と支援について」
- 5歳児たちが、学校で体験授業を受ける

などです。各現場で工夫し、連携できる方法を考え実施することも考えてみましょう。これは、子どもを迎え入れる側の小学校の先生方も望んでいることです。

参加者の感想
※著者が実際に研修を行った際の受講者の声です。

- 通級指導教室や特別支援学級の現状が理解できました。保護者の方が学校の選択を迷う気持ちもよくわかりました。
- 就学支援シートはたくさん書いた方がよいと思っていました。でも、必要なことだけを読んでもらうために端的に書くということの大切さがわかりました。

Step 7 子どもの多様性に合わせたあそび

発達を促すあそびを考える

わたしたちが日々保育の中で行っているあそびや活動、これらは果たして子どもに合ったものになっているのでしょうか。今回は、子どもの発達をとらえたうえで、目的をもって取り組むあそびを考えていきます。

子どもの発達について理解が深まるほど、日ごろ行っている保育でいいのだろうか……**わたしたちが設定している活動やあそびが、子どもの発達に合っているのかどうか、と不安になります。**
子どもたちの多様な発達それぞれに合わせると、活動やあそびの設定がとても難しいと思うのです。

そうですね。それはとても大切な視点です。子どもの多様性に応じた活動やあそびというのがテーマですね。

はい、自分の中の引き出しを増やさないと、ワンパターンの保育になってしまいそうで。

そうですね。今回の研修では活動やあそびについての研修にしましょう。子どもの発達に効果的でかつ楽しいものを紹介しましょう。

それはいいですね！

子どもの発達がこうだから、活動やあそびの目的は○○……、その目的に沿った内容を検討するというプロセスが大切です。目的さえ明確になれば、自分であそびを考え出すことだってできるはずです。

Step 7 子どもの多様性に合わせたあそび

これだけは知っておこう！ 子どもの認知・知覚

発達に合わせたあそびを考えるうえで、まず、一人一人の発達をきちんととらえる必要があります。子どもの発達の状態をとらえるうえで大切な5つの力について、確認しておきましょう。

音を聞いて理解する力

主に以下3つのレベルから、子どもの「聞く力」を判断します。

1. 知覚レベル 　音に気づく、音の違いがわかるということ。「イチゴ」をきちんと「イ・チ・ゴ」という音として聞き取れるかどうかというレベル。

2. 認識レベル 　音を聞き取り、聞き分けるということ。「はち」と「はし」の違いを聞き取り、聞き分けられるレベル。会話の中で予測して、たぶんこの言葉だろうと聞き取るのもこのレベルで行っています。

3. 意味レベル 　言葉を聞き取り、聞き分けて、その意味を理解するレベル。語い力や知識、文法などの言語の問題も関連してきます。

この力がうまく働かないと……

- 長音（ようふくなどのばす音）、拗音（ちょうだいなどねじれる音）の聞き落としがある
  例えば…「ねっこ」を「ねこ」と聞いてしまう　など
- 似た言葉の聞き分けができない
  例えば…「こま」と「ごま」の聞き間違え　など
- 音は正しく聞けても、言葉の意味がわからない
  例えば…「ただいま」と「おかえり」を間違える　など
- 周囲の音と、自分に必要な声の情報を区別できない
  例えば…ざわざわしている場面で先生の声だけを聞くことができない　など

> 発達を促すあそびを考える

見て理解する力

視力という観点ではなく、見え方（見る機能）について確認します。

1. 眼球運動の機能　物をゆっくり目で追う動き＝追従性眼球運動と、動く対象物をとらえる動き＝跳躍性眼球運動があります。音読やサッカーなどのスポーツのほか、日常生活でも、物を探したりはさみで物を切ったり、さまざまな場面で使います。

2. 両眼視機能　両方の目がチームワークよく動き、物を見たときにピントを合わせる働きです。寄り目ができるかどうかで、その機能が働いているかの一つの目安になります。

3. 視空間認知　見た情報から、自分と人、物の距離、または位置関係を理解する力です。奥行きや、左右、上下の位置関係、自分の体の部位の位置がわかります。

この力がうまく働かないと……

- ボールが目で追えず、とらえられないので、ドッジボールなどすぐにぶつかってしまう
- 距離感がわからないので、よく物にぶつかる
- ピントが合わないので、物が二重に見えたりする
- 物の形が正確にとらえられない。例えば△が○のように見えていたりする
- 奥行きがつかめないので、立体的な形がよくわからない
- 着替えなどの日常生活動作がうまくできない

Step 7 子どもの多様性に合わせたあそび

子どもの認知・知覚

記憶する力

記憶の種類として主に以下の4つがあり、なかでも作業記憶（ワーキングメモリ）に注目します。

- **1. 感覚記憶** 1〜2秒保持される記憶。
- **2. 長期記憶** 長期間保持される記憶。
- **3. 短期記憶** 20秒ほど保持される記憶。
- **4. 作業記憶（ワーキングメモリ）** 勉強、仕事など日常生活の中で使われる記憶。短期記憶の概念を発展させたものといわれています。会話、計算、推論するなど、あらゆる作業に必要とされます。

この力がうまく働かないと……

- 大人からの指示が覚えられない、覚えても行動しているうちに忘れてしまい行動がつながらない
- テストで文章題を読んで問題を解くとき、実際に書こうとすると問題をもう忘れてしまっている
- 聞きながら書くなど、2つのことが同時にできない

言葉を理解する力

単純な語い数ではなく、言葉の意味や使い方をどれだけ理解しているかを見ていくことが大切です。

- **1. 意味を理解する** 言葉のもつ意味を正確に理解するための力です。ぺらぺらしゃべっていても、だれかの真似をしているだけということもあります。言葉の数ではなく、意味理解を確認しましょう。
- **2. 文法を理解する** 「てにをは」がうまく使えないのは、文法の理解が難しいのかもしれません。動詞や助詞の使い方など、確認してみましょう。

発達を促すあそびを考える

3. 語用を理解する　その場の状況も含めて、言葉と人の関係を理解する力です。言葉を発した相手の意図や、声の調子や表情なども含めてその言葉を理解する力です。この力がつくと、冗談や皮肉、比ゆなどがわかるようになります。また、「ただいま」と「おかえり」、「行ってきます」と「行ってらっしゃい」などの使い分けができるようになります。

この力がうまく働かないと……

- たくさん話すけれど、会話にならない。また、何を言いたいのかわからない
- 自分の役割に応じた話し方ができない
- 言葉を字義通りに受け取ってしまう
  例えば…「もう好きなようにしなさい！」と怒られているのにあそんでしまい、「だって、ママが好きなようにしていいと言ったから」と真顔で言う　など

情報を処理する力

大きく2つのタイプがあり、どちらのタイプか（どちらが得意か）により、支援の仕方も変わってきます。

1. 継次処理　情報を1つずつ時間の流れに沿って受け取り、順番に処理するやり方。レシピに沿って料理をする、プラモデルを工程通り組み立てていく作業に向く力です。

2. 同時処理　2つ以上の情報を同時に、並行して処理していくやり方。全体を見ながら、いくつかの情報のつながりを理解し処理をしていきます。料理なら出来上がりを理解していくつかの作業を同時に進め、プラモデルも完成図から各工程を理解していく作業になります。

この力がうまく働かないと……

継次処理・同時処理は通常はどちらの処理も使うのですが、発達に偏りのある子どもは一方だけが特に上手で一方が極端に下手ということがあります。ですから、1つずつ丁寧に課題をこなすタイプなのか、一度にたくさんの課題を出された方が意欲的に取り組めるタイプなのか、子どもの処理のスタイルを理解し、それに合わせて支援することが必要です。

Step 7 子どもの多様性に合わせたあそび

研修 発達を促すあそびを考える

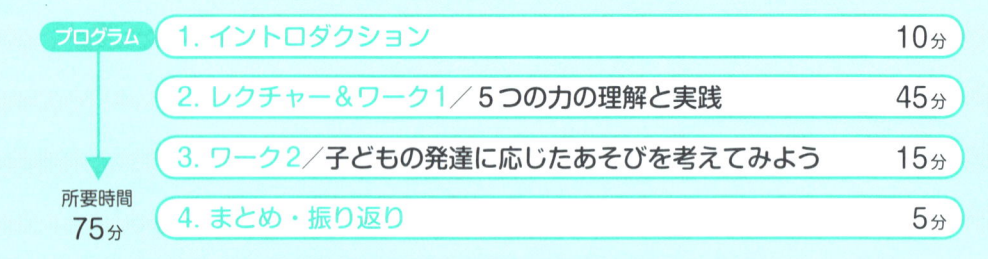

プログラム
1. イントロダクション　　　　　　　　　　　　　　　　10分
2. レクチャー＆ワーク1／5つの力の理解と実践　　　　45分
3. ワーク2／子どもの発達に応じたあそびを考えてみよう　15分
4. まとめ・振り返り　　　　　　　　　　　　　　　　5分

所要時間 **75分**

用意する物　・あそびで使う遊具（風船・ボールなど）やプリント課題（点つなぎなど）　・配付資料6枚
※実践するあそびに応じて、それぞれ必要数を用意してください。

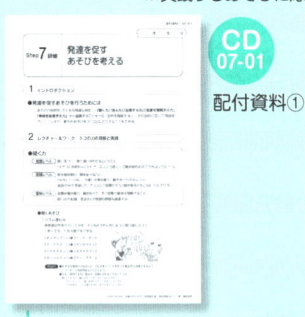

CD 07-01 配付資料①
CD 07-02 配付資料② 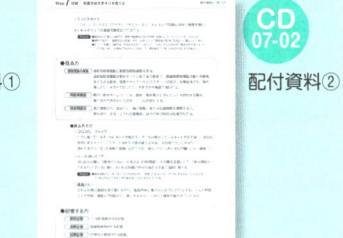
CD 07-03 配付資料③ 
CD 07-04 配付資料④
CD 07-05 配付資料⑤ 
CD 07-06 配付資料⑥ 

※配付資料は付録のCD-ROMにデータが収録されています。

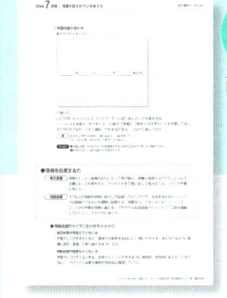

1 イントロダクション　　　10分

今回は、子どもの発達を、「聞く力」「見る力」「記憶する力」「言葉を理解する力」「情報を処理する力」の5つから整理し、これらの力をはぐくむために効果的なあそびやかかわりを紹介します。日ごろの保育の中で生かせるものですが、すでにわたしたちが取り入れているものもたくさんあると思います。
あそびの目的を、子どもの発達の観点から確認することはとても意義深いものです。なぜなら、目的が理解されるとその目的に応じてあそびの内容をアレンジすることもできますし、目的に応じた新しいあそびの発想も出てくるはずだからです。

発達を促すあそびを考える

この研修の後半では、目的に応じたあそびをみんなで探すグループワークを行います。

2 レクチャー＆ワーク1／5つの力の理解と実践　45分

では、先ほど紹介した5つの力について確認していきましょう。まず、配付資料を見ながら、それぞれの力について理解をした後、それぞれの力の発達を促すあそびを紹介します。あそびながら、子どもの発達を確認するプログラムにもなっています。まずは、「聞く力」からです。

※それぞれの力について解説をしてから、あそびを紹介……レクチャー→ワーク、という流れを繰り返しながら進めていきましょう。
※あそびについては、本書では各項目1つずつの紹介になっていますが、配付資料にはそれぞれプラス1～2つずつ載せています。時間内にすべて実践するのは難しいので、あらかじめ何を行うかを決めておき、それ以外のあそびについては、資料を参照、ということを伝えておきましょう。

●聞く力

知覚レベル　音に気づく、音の違いがわかるということ。
「イチゴ」をきちんと「イ・チ・ゴ」という音として聞き取れるかどうか、というレベル。

認識レベル　音を聞き取り、聞き分けること。
「はち」と「はし」の違いを聞き取り、聞き分けられるレベル。
会話の中で予測して、たぶんこの言葉だろうと聞き取るのもこのレベルで行う。

意味レベル　言葉を聞き取り、聞き分けて、その言葉の意味を理解すること。
語い力や知識、文法などの言語の問題も関連する。

CD 07-01　配付資料①

では、「聞く力」のあそびの紹介です。2人組になり、実際に保育者と子どもになってあそんでみましょう。保育者役になった人は、子どもの発達状況をとらえるために、どんなところを観察したらいいかを意識しながら行うようにしてみましょう。

●聞くあそび

①リズム合わせ
保育者が手をたたいてみせ、子どもはそれと同じように繰り返したたく。
1対1でも、1対大勢でもできる。

「タンタンタン」→「タンタンタン」
「タンタタタン」→「タンタタタン」
「タタタタタン」→「タタタタタン」
「ターンタタン」→「ターンタタン」

CD 07-01　配付資料①

85

Step 7 子どもの多様性に合わせたあそび

> **Point**
> ● まずは目を開けて見ながら、次に目をつぶって音だけで聞き取り再現できるか？
> というように段階を踏んで行うとよい。
> ● うまく再現できない場合は、言葉に合わせてたたいてみる。
> 例）「イチゴ」と言いながら「タンタンタン」とたたく。
> 　　「ドーナッツ」と言いながら「タンタタタン」とたたく。
> 　　「やきそばパン」と言いながら「タタタタタン」とたたく。

配付資料には、今回実践するもの以外にもいくつかあそびが載っていますので、明日からの保育の中で実践してみてください。

では、次は「見る力」です。

CD 07-02　配付資料②

●見る力

眼球運動の機能　追従性眼球運動と跳躍性眼球運動がある。
追従性眼球運動は物をゆっくり目で追う動きで、跳躍性眼球運動は動く対象物をとらえる動き。音読やサッカーなどのスポーツのほか、日常生活でも、物を探したり、はさみで切ったり、さまざまな場面で使われる。

両眼視機能　両方の目がチームワークよく動き、物を見たときにピントを合わせる働き。
寄り目ができるかどうかが、一つの目安になる。

視空間認知　見た情報から、自分と人、物の距離、または位置関係を理解する力。
奥行きや、左右、上下の位置関係、自分の体の部位の位置がわかる。

では、あそびを紹介しましょう。見る力を意識したあそびは、机上で行うものから全身を動かすものまでいろいろありますが、今回は、ボールを使ってあそんでみましょう。

CD 07-02　配付資料②

●見るあそび

①コロコロ・ストップ
いすに座っている子どもにボールを転がす。子どもは転がってくるボールを目で追い、自分の足元に来たタイミングでボールを片方の足の裏で止める。左右両方やってみよう。
慣れてきたら、立った姿勢で同様に止めてみる。体のバランスをとるのが難しいが、頑張って！

このほか、机上でできるあそびとしては、間違い探しや、「○○を探せ」といった絵本や、迷路、数字や点つなぎ、ドミノ倒しなどもあります。もうすでに行っているあそびも多いですね。

次は、「記憶する力」です。

86

発達を促すあそびを考える

●記憶する力

- **感覚記憶** 1～2秒保持される記憶。
- **長期記憶** 長期間保持される記憶。
- **短期記憶** 20秒ほど保持される記憶。
- **作業記憶（ワーキングメモリ）** 勉強、仕事など日常生活で使われる記憶、短期記憶の概念を発展させたもので脳のメモ帳ともいわれる。会話、計算、推論するなどあらゆる作業に必要とされる。子どものワーキングメモリ（大人の言葉の指示を聞いて、理解し、覚えて行動できる数）は、5歳児で1～2つといわれている。

記憶といってもいろいろな種類があります。中でも今回注目している作業記憶（ワーキングメモリ）は、脳のメモ帳ともいわれ、「覚えながら、思い出しながら行動する」ときに使われます。あらゆる作業、行動に必要な力です。

●記憶するあそび

①リピートしりとり

「バナナ」→「バナナ・ナシ」→「ナシ・シカ」→「シカ・カラス」 など、前の人が言った言葉と自分の考えたしりとり言葉をつなげて言う。

Point ●難しい場合は、小さなホワイトボードに、前の人が言った言葉を文字（または絵）で書き、見せて確認しながら、次の言葉を考えるようにするとよい。

このあそびでは、子どものワーキングメモリが2つ以上あるかどうか、というのがわかりますね。楽しくあそびながら確認できるでしょう。

では次に「言葉を理解する力」です。

●言葉を理解する力

- **意味を理解する** 言葉のもつ意味を正確に理解するための力。言葉の数ではなく、意味理解を確認する。
- **文法を理解する** 「てにをは」が、うまく使えているか、といった文法の理解。
- **語用を理解する** 言葉と人の関係の理解。その場の状況、相手の声の調子や表情なども含めてその言葉を理解する力。この力がつくと、冗談や皮肉、比ゆなどがわかるようになる。また、「ただいま」と「おかえり」、「いってきます」と「いってらっしゃい」などの使い分けができるようになる。

言葉といっても、語い数の多さではなく、その意味や使い方を理解しているかどうかが大切です。

Step 7 子どもの多様性に合わせたあそび

配付資料④ CD 07-04

●言葉あそび

③仲間の組み合わせ

紙やホワイトボードに、

_____が _____に _____で _____をした。

と書いて、

「（①だれ）が（②いつ）に（③どこ）で（④何）をした」の文章を作る。
①〜④に入る言葉を、それぞれ４、５個ずつ用意し（絵または文字カードを用意しても）、そこから子どもが１つずつ選択。それを当てはめ、つなげて読んでみる。

例 お父さんが　帰りの時間に　園のお庭で　ご飯を食べた
など、変な文章、ありえない文章ができて面白い。

Point
- 主語と述語、またどのような言葉を入れると相手に伝わりやすいかが確認できる。
- あそびながら、助詞の使い方を覚えられる。

最後は「情報を処理する力」です。これには２つのタイプがあります。

配付資料④ CD 07-04

●情報を処理する力

継次処理 情報を１つずつ時間の流れに沿って受け取り、順番に処理するやり方。レシピの手順に沿って料理をする、プラモデルを工程に応じて組み立てる、といった作業に向く力。

同時処理 ２つ以上の情報を同時に並行して処理していくやり方。全体を見ながら、いくつかの情報のつながりを理解し処理する。料理なら、でき上がりをイメージして、いくつかの作業を同時に進める、プラモデルも完成図から一つ一つの工程を理解していくといったやり方に向く力。

子どもそれぞれがどちらの情報処理が得意かということを考えてみましょう。１つずつ丁寧に課題をこなすタイプなのか、一度にたくさんの課題を出された方が意欲的に取り組めるタイプなのか、タイプによって、こちらの支援の方法も変わります。

通常は、継次処理・同時処理どちらも使うのですが、発達に偏りのある子どもは一方だけが特に上手で一方が極端に苦手ということがあります。ですから、子どもの処理のスタイルを理解し、それに合わせて支援することが必要なのです。あそびで発達を促すというより、大人の支援の仕方を子どもに合わせるということが大切なので、この情報を処理する力については、あそびではなく、かかわり方のヒントを紹介しましょう。

> ●情報処理のタイプに合わせたかかわり
>
> ○継次処理が得意な子どもには
> 　学習やしつけをするときは、順序や手続きを大切にし、聞いてわかる、見てわかるように順番に指示、復唱して取り組めるようにする。
>
> ○同時処理が得意な子どもには
> 　学習やしつけをするときは、全体がイメージできるように視覚的、総合的に伝えることを大切にし、そのうえで必要な事柄を部分的に確認していく。

CD 07-04
配付資料④

3 ワーク2／子どもの発達に応じたあそびを考えてみよう　15分

5つの力について、だいぶ理解が深まったと思います。そこで今度は、「聞く力」「見る力」「記憶する力」「言葉を理解する力」の4つの視点からあそびを考えていきましょう。日ごろ行っているあそびからでもよいですし、もしくはこんなあそびはどうだろう……というように考えてもいいですね。グループで話し合って、挙がってきたあそびを分類してシート（配付資料⑤）に書き込んでいきましょう。

発達に応じたあそび（配付資料⑤　記入例）

> ●聞く力をはぐくむあそび
> 　・かけあい歌ごっこ
>
> ●見る力をはぐくむあそび
> 　・玉転がしゲーム　・ミニホッケー
>
> ●記憶する力をはぐくむあそび
> 　・繰り返しあそび（オニが言った2～3つの数字や言葉を繰り返して言う）
>
> ●言葉を理解する力をはぐくむあそび
> 　・お話作り

Step 7 子どもの多様性に合わせたあそび

> なかなかあそびが出ない場合は、配付したヒントシートを参考にしてください。

CD 07-05
配付資料⑤

※ヒントシートの部分は切り取った状態のものを配付し、後から必要に応じて提供するようにしてもよいでしょう。

●発達に応じたあそび　＜ヒントシート＞

●聞く力をはぐくむあそび
　何の音？（いろいろな楽器や生活音を聞いて、音の種類を当てる）、
　だれの声？（声だけで友達の名前を当てる）、
　早口言葉、かるた、だるまさんがころんだ

●見る力をはぐくむあそび
　お手玉、あやとり、けん玉、輪投げ、的当て、おはじき、あっちむいてほい

●記憶する力をはぐくむあそび
　神経衰弱、スリーヒントゲーム（カードゲーム）、後出しじゃんけん

●言葉を理解する力をはぐくむあそび
　早口言葉、仲間集め（乗り物、動物など）、ジェスチャーゲーム

4 まとめ・振り返り　　5分

> 今回は、子どもの発達を確認したうえで、その発達の状況に合わせて目的を明確にしながら、あそびを設定することを学びました。
> わたしたちが日ごろの保育で無理なく取り入れられるもの、またすでに取り入れているものがあると、理解できたと思います。
> 毎日、少しずつの積み重ねが子どもの力になります。ですから、日々のあそびの充実を図ることが大切です。
> 今月は「見る力」、来月は「言葉の理解」……など、強化月間のように取り組むのも一つの方法ですね。

参加者の感想

※著者が実際に研修を行った際の受講者の声です。

- 今まで行ってきたあそびが、子どもの発達のどの部分に必要だったのかが整理されました。そこが理解されると、あそびを行う動機づけが強くなりますね。

- やはり子どもは、あそびを通して発達するのだということを確認できました。今回、学んだあそびも自分なりに工夫して実施したいと思います。

Step 8 保護者の支援
効果的なコミュニケーション法を学ぶ

多様な子どもたちへの対応をいろいろな視点で考えてきましたが、子ども本人への働きかけだけでは不十分。絶対に欠かせないのが、家庭・保護者との連携です。今回は、保護者を支えるために必要なことを学びましょう。

子どもの気になる姿について、保護者に伝えるのは難しいです。でも、それ以前に、**コミュニケーションがなんだかうまくいかない……伝えたいことがうまく伝わらない**。そういう悩みが常にあって。

わたしたちに必要なのは、支援する人との間に信頼関係を結ぶことです。そのためには、日ごろの何気ないコミュニケーションを大切に積み重ねていくことが大切です。今回はその方法論を学びましょう。
せっかく子どもの発達や支援について学びを深めてきたのに、その内容を保護者と共有できないのは、残念ですから。

コミュニケーションですね。

そうです、支援者は相手に合わせるコミュニケーションを学ぶべきですね。保護者のコミュニケーションのタイプを理解したうえで、合わせ方を学びましょう。相手に合わせたコミュニケーションを積み重ねることで、信頼関係を築いていくのです。

どう伝えるかということばかりに注目していましたが、まずは相手に合わせることが大事なのですね。

Step 8 保護者の支援

これだけは知っておこう！ 自己理解と他者理解

保護者支援においてまず大切なのは、信頼関係を築くこと。そのために必要な自己理解（自分の傾向を知る）と他者理解（相手の傾向を知る）、そして関係づくりの基本的な考え方を確認しておきましょう。

自己理解の視点

人と関係を結ぶときには、性格の傾向が必ず影響してきます。まずは自分の性格の傾向について理解しましょう。
あなたはどちらのタイプですか？　自分が当てはまる項目にチェックを入れてみましょう。

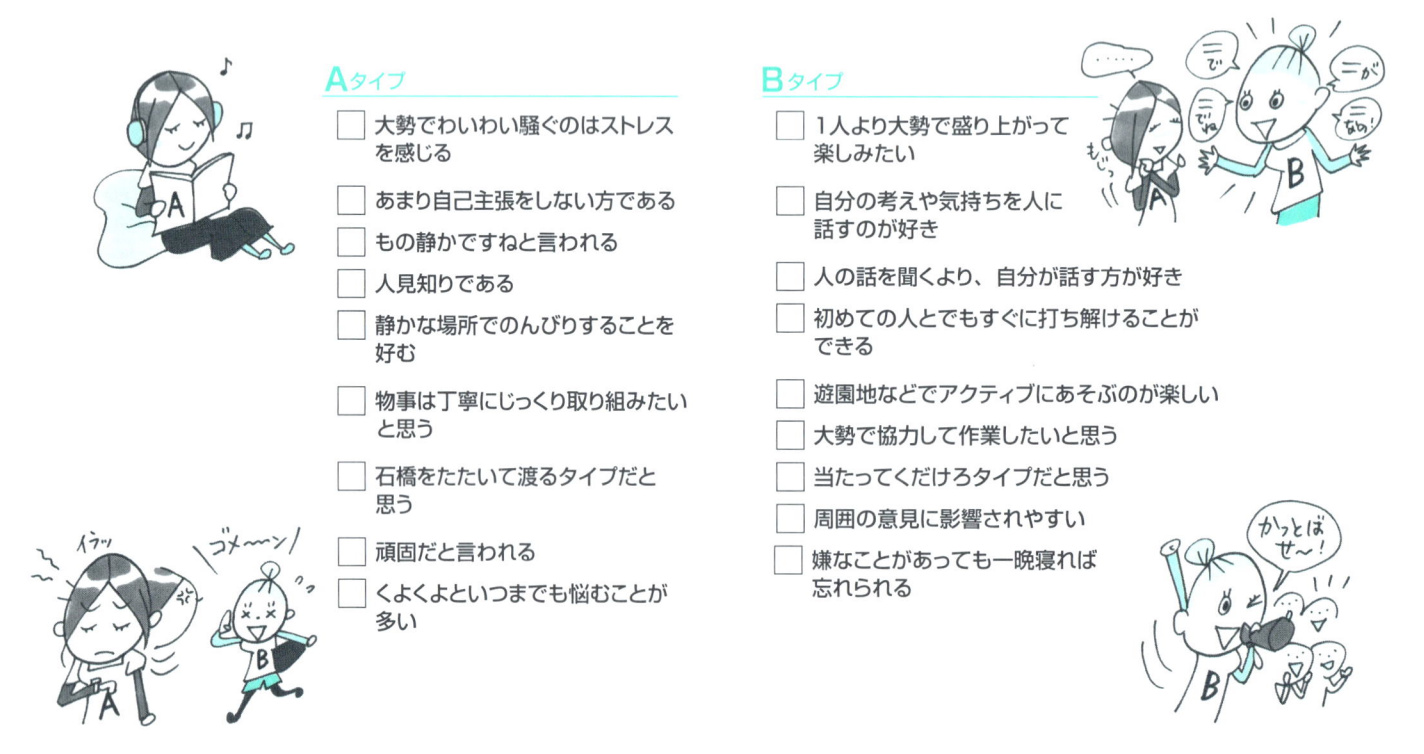

Aタイプ
- [ ] 大勢でわいわい騒ぐのはストレスを感じる
- [ ] あまり自己主張をしない方である
- [ ] もの静かですねと言われる
- [ ] 人見知りである
- [ ] 静かな場所でのんびりすることを好む
- [ ] 物事は丁寧にじっくり取り組みたいと思う
- [ ] 石橋をたたいて渡るタイプだと思う
- [ ] 頑固だと言われる
- [ ] くよくよといつまでも悩むことが多い

Bタイプ
- [ ] 1人より大勢で盛り上がって楽しみたい
- [ ] 自分の考えや気持ちを人に話すのが好き
- [ ] 人の話を聞くより、自分が話す方が好き
- [ ] 初めての人とでもすぐに打ち解けることができる
- [ ] 遊園地などでアクティブにあそぶのが楽しい
- [ ] 大勢で協力して作業したいと思う
- [ ] 当たってくだけろタイプだと思う
- [ ] 周囲の意見に影響されやすい
- [ ] 嫌なことがあっても一晩寝れば忘れられる

Aタイプの方にチェックが多く付いた人は、内向タイプ。自閉症のテイストがあると考えられます。Bタイプの方が多い人は、外向タイプ。ＡＤＨＤのテイストがあると考えられます。

まずは、こうした自分のタイプ＝特性を知ることが必要です。人との関係を作る際にこの自分が基準となっていくからです。ここで大切なのは、どちらのタイプでもよいということ。ＡタイプもＯＫ。ＢタイプもＯＫ。ただ、違うタイプだということを理解しましょう。

効果的なコミュニケーション法を学ぶ

他者理解の視点

　タイプの違いを尊重するということが他者理解の視点です。
　内向タイプ同士、外向タイプ同士の場合、対人交流のパターンが同じなので、違和感がなく、コミュニケーションをとるのにストレスを感じにくいのです。反対にタイプが違う場合は、付き合うのに違和感を覚えたり、ストレスを感じたりしがちです。
　このように、自分のタイプ・基準を知って、相手のタイプを知ることが他者理解になります。自分の基準と違うからといってその相手と関係が築けないわけではありません。相手の基準を尊重することにより、よりよい関係が築けるのです。

●内向タイプの長所　孤独に強く、1人でじっくり仕事などに取り組むことができます。自分の意見やこだわりをもち、内省することを生かしながら、こつこつと課題を解決することができます。

●外向タイプの長所　協調性が高く、集団で仕事に取り組むことが得意。親和性を生かし人とネットワークをつくりながら、意見を交換し課題を解決することができます。

関係づくりの視点～ペーシングとラポール～

　「この人は信頼できる」と感じ合えることが、あらゆるコミュニケーションの基本になります。この「心のつながり」「信頼関係」をラポールといい、保護者支援においてとても重要です。

●ラポールの築き方　保護者と話すときは、相手のタイプやコミュニケーションの傾向に合わせ、「安心できる」会話を積み重ねることが大切。このラポールを築く話し方のコツをいくつか確認しましょう。

①ペーシング
声の調子や表情、呼吸、話す姿勢などを相手と合わせる。言葉を使わないコミュニケーション・無意識のレベルを合わせることで、「わたしはあなたに似ている」というメッセージを送る。

②バックトラック
相手の話したキーワードを繰り返す（オウム返し）。繰り返されたことで、自分が大切に考えていることが理解された、承認されたと感じる。

③キャリブレーション
表情や仕草、声の調子など外側に表れているサインから、相手の心の状態・気持ちを考え、その気持ちに寄り添う。

Step 8 保護者の支援

研修 効果的なコミュニケーション法を学ぶ

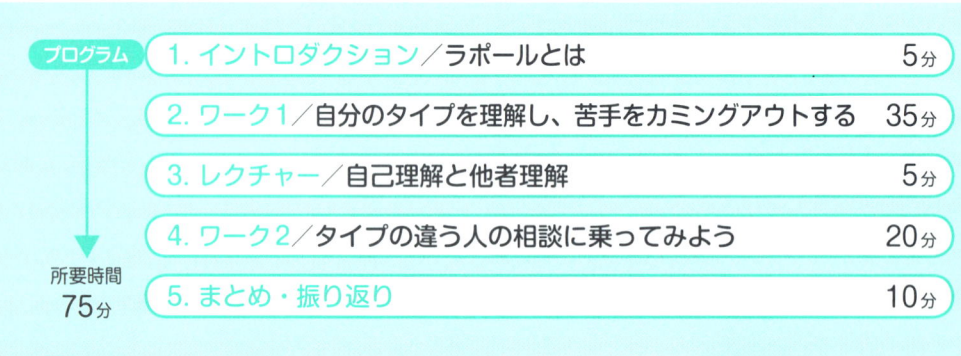

プログラム

1. イントロダクション／ラポールとは　　5分
2. ワーク1／自分のタイプを理解し、苦手をカミングアウトする　35分
3. レクチャー／自己理解と他者理解　　5分
4. ワーク2／タイプの違う人の相談に乗ってみよう　20分
5. まとめ・振り返り　　10分

所要時間 75分

用意する物・配付資料 5枚

※配付資料は付録のCD-ROMにデータが収録されています。

CD 08-01 配付資料①
CD 08-02 配付資料②
CD 08-03 配付資料③
CD 08-04 配付資料④
CD 08-05 配付資料⑤

1 イントロダクション／ラポールとは　5分

保護者を支援するためには、信頼関係を築くことが必要です。「この人は信頼できる」と感じ合えることが、あらゆるコミュニケーションの基本となるからです。この「心のつながり」「信頼関係」をラポールといいますが、保護者支援においてとても重要です。

では、具体的に、このラポールを築くために何をしたらいいのでしょう。それにはまず、自分の傾向を知ることから始めなければなりません。なぜなら、わたしたちは人との関係をつくるとき、自分の基準や物差しで相手を理解し、関係を築いているからです。この物差しは、人によってさまざまで、わたしたちがかかわる子どもや保護者は、自分と違う物差しをもっています。ですから、子どもや保護者と関わる場合は、その相手の物差しに合わせる作業が必要なのですが、自分の物差しを知らないままに相手に合わせることはできません。

この研修では、自分を知る（自己理解）、相手を知る（他者理解）、効果的なコ

効果的なコミュニケーション法を学ぶ

ミュニケーションの方法、そして、自分の特性を生かして保育・支援をすることを学びましょう。

2 ワーク1／自分のタイプを理解し、苦手をカミングアウトする 35分

まず、自分を知るワークから始めましょう。配付資料①にあるチェックリストをつけてみてください。

●あなたはどちらのタイプ？
当てはまると思ったものには ○ 、ちょっと違うと思ったものには × を付けてください。

Aタイプ
- [ ] 大勢でわいわい騒ぐのはストレスを感じる
- [ ] あまり自己主張をしない方である
- [ ] もの静かですねと言われる
- [ ] 人見知りである
- [ ] 静かな場所でのんびりすることを好む
- [ ] 物事は丁寧にじっくり取り組みたいと思う
- [ ] 石橋をたたいて渡るタイプだと思う
- [ ] 頑固だと言われる
- [ ] くよくよといつまでも悩むことが多い

○の数は　　個

Bタイプ
- [ ] 1人より大勢で盛り上がって楽しみたい
- [ ] 自分の考えや気持ちを人に話すのが好き
- [ ] 人の話を聞くより、自分が話す方が好き
- [ ] 初めての人とでもすぐに打ち解けることができる
- [ ] 遊園地などでアクティブにあそぶのが楽しい
- [ ] 大勢で協力して作業したいと思う
- [ ] 当たってくだけろタイプだと思う
- [ ] 周囲の意見に影響されやすい
- [ ] 嫌なことがあっても一晩寝れば忘れられる

×の数は　　個

CD 08-01　配付資料①

Aの○の数 + Bの×の数が
- 16個以上 ……………… 内向タイプ ┐
- 15個〜12個 …………… やや内向タイプ ┘ 自閉症テイスト
- 11個〜 9個 …………… 両方タイプ
- 8個〜 5個 …………… やや外向タイプ ┐
- 4個以下 ……………… 外向タイプ ┘ ADHDテイスト

CD 08-02　配付資料②

95

Step 8 保護者の支援

※自己紹介ワークは、グループで行ってもよいでしょう。

自分のタイプが確認できましたね。
では、2人組になって自己紹介をします。シート（配付資料②）にそれぞれ自己紹介の内容を記入しましょう。その後、紹介を始めます。

CD 08-02
配付資料②

● 自己紹介シート

①テイスト	＿＿＿＿＿＿テイストの ＿＿＿＿＿＿ です。 （自閉症／ADHD／両方タイプ）　　　　（名前）
②欠点・苦手なところ	わたしの欠点・苦手なところは ＿＿＿＿＿＿＿＿＿＿＿＿＿＿＿＿＿＿＿です。
③欠点・苦手を補うために工夫していること	＿＿＿＿＿＿＿＿＿＿＿＿＿が苦手なので、 ＿＿＿＿＿＿＿＿＿＿＿＿＿をしています。 （生活上の工夫を具体的に）
グループの方が、自己紹介をしている人に聞いてください。 「わたしたちに手助けできることはなんですか？」	
④手助けしてほしいこと	＿＿＿＿＿＿＿＿＿＿＿＿＿＿＿を、 （助けてほしいことを具体的に）　　手助けしてほしいです。

例えば、

① ADHDテイストの「藤原」です。

② わたしの欠点は、忘れっぽいところです。記憶するのが苦手です。

③ 記憶が苦手なので、付せんやTO・DO・LISTを使って、やることを細かく確認しながら生活しています。

「わたしたちに手助けできることはなんですか？」と聞かれたら、

④ 時々、わたしが忘れそうになることを、代わりに覚えておいてと頼むことがあるので、そのときはあなたの記憶力を貸してください。

……こんな感じです。
では、交替でやってみてください。

効果的なコミュニケーション法を学ぶ

3 レクチャー／自己理解と他者理解　　　5分

いかがでしたか？　自分のタイプの理解と、苦手のカミングアウトによって、安心できる感覚はありませんか？

人はとても多様で、得意なことや苦手さも人それぞれです。その苦手なことについて、率直にカミングアウトできて、必要に応じて手助けが求められれば安心です。これは子どもも大人も同じです。

もう一つ大事なことは、助けてほしい、その方法も多様だということです。自分の物差しで助けたらおせっかいと言われたとか、そういう手助けならいらなかったとか、かえって傷ついたとか……。人を助けるのは意外と難しいものです。ですから、どんなふうに手助けしてほしいのか、それも相手に合わせることが大切です。

今まで自分の物差しで人を理解してきたということに気づくと、相手の視点を理解したうえで、支援をしたいと思うようになるはずです。

相手の視点を理解するためには、次の３つの方法を意識してコミュニケーションをとってみましょう。これは、最初にお話しした「ラポール」を築くためにも重要なポイントです。

●ラポールを築くコミュニケーションのコツ

１．ペーシング
声の調子や表情、呼吸、話す姿勢などを相手と合わせる。言葉を使わないコミュニケーション（無意識のレベル）を合わせることで、「わたしはあなたに似ている」というメッセージを送る。

２．バックトラック
相手の話したキーワードを繰り返す（オウム返し）。繰り返されたことで、自分が大切に考えていることが理解された、承認されたと感じる。

３．キャリブレーション
表情やしぐさ、声の調子など外側に表れているサインから、相手の心の状態・気持ちを考え、その気持ちに寄り添う。

CD 08-03
配付資料③

4 ワーク２／タイプの違う人の相談に乗ってみよう　　　20分

次のワークは実際の面談を想定して演習しましょう。
まずは、自閉症テイストの人と、ADHDテイストの人でペアを組みます。人数的に、違うタイプで組めない場合は同じタイプでもよいです。

※両方タイプの人は、人数の少ない方のタイプとして最後にバランスをみて組むようにしましょう。

97

Step 8 保護者の支援

そして、自閉症テイストの人がADHDテイストの人に相談してみます。相談の内容はなんでも構いません。
相談に乗る側の人は、次のことを注意してください。

●相談に乗る際に、気をつけること
- ペーシング・バックトラック・キャリブレーションを意識する
- アドバイスをしない
 （答えは相談する側が見つけ出すという前提で、話を聞くことだけに集中して相談に乗る）

CD 08-03
配付資料③

では、始めてください。
3分程度で相談する人、相談に乗る人の役割を交替します。

（2人の相談を行う）

いかがでしたか。
では、相談したときとされたとき、それぞれの感想を言い合ってください。

相談したときの感想

- 自分のペースで話を聞いてもらえたので心地よかった。
- アドバイスがもらえないと満足できないのではと思ったけれど、聞いてもらえるだけで満足できた。
- 話しているうちに、こうすればよいということが浮かんできた。
- 安心して話せた、なんでも話せる気がした。
- 丁寧にうなずきながらじっくり聞いてもらえて、わかってもらえたと実感できた。

相談に乗ったときの感想

- 聞くことのみと思っていたが、アドバイスしてしまいそうになった。
- アドバイスしないといけないんじゃないかという気持ちにかられた。でも、聞いてもらえただけでとてもよかったと言われて安心した。
- すごくテンポよく話すので、自分のペースと違ってじっくり聞くのが難しかった。でも相手のペースを尊重したいと思いながら聞いた。
- 相手のキーワードを繰り返すというのは難しかった、話の内容をきちんと理解しないと何がキーワードなのかわからないから。

（実際に研修を行った際の受講者の声）

効果的なコミュニケーション法を学ぶ

5 まとめ・振り返り　　10分

今回は、保護者とのコミュニケーション、ラポールの築き方を、体験的に学んでいただきました。

皆さんは日ごろ、保護者に提案したり、助言したりすることが多いと思いますが、このコミュニケーションを「リーディング」といいます。

しかし、本来「リーディング」は、相手とのラポールをしっかり築いたうえで行うべきなのです。また、ラポールが築けていると感じていても、日ごろのコミュニケーションを通じてその関係を維持していく意識も大切です。そのためにも、自分のテイスト・タイプと相手のテイスト・タイプを意識してコミュニケーションや支援を行うことが重要なのです。

最後に、支援者と支援される側とのテイスト・タイプを整理するツールを紹介します。配付資料④の「支援検討シート」をご覧ください。

●支援検討シート

	支援が必要な人	支援者
	子ども ・ 保護者	保護者 ・ 保育者
タイプ	内向タイプ ・ 外向タイプ	内向タイプ ・ 外向タイプ
苦手・課題		
支援 かかわり方		

CD 08-04
配付資料④

※両方タイプまたはタイプが不明の場合は、未チェックのままほかの欄を記入していきましょう。書き進めるうちにタイプが見えてくることもあります。

支援される側と支援する側のタイプを意識するだけで、日ごろの接し方が違ってくると思います。

日常のコミュニケーションの中で、苦手と思われることを記入し、支援する側は相手の苦手に配慮して関係を築いていきます。

配付資料④には、記入例も一緒に載せてありますので、保育者が保護者とのかかわりを考える際や、保護者の子どもへのかかわりを一緒に検討するときなどに活用してください。

99

Step 8 保護者の支援

CD 08-04
配付資料④

※苦手・課題については、あまりマイナス表現になりすぎないように気をつけましょう。

●支援検討シート ＜記入例＞
※保育者が、担当クラスの子どもの保護者とのかかわりを見直す際に記入したもの

	支援が必要な人	支援者
	子ども ・ (保護者)	保護者 ・ (保育者)
タイプ	(内向タイプ) ・ 外向タイプ	内向タイプ ・ (外向タイプ)
苦手・課題	自分の気持ちを話すこと。人に相談すること。	人の話をじっくり聞くこと。1対1で話すこと。
支援かかわり方		日常的にペーシング・バックトラック・キャリブレーションを意識して話を聞く。

※保護者から子どもへのかかわり方を相談されたときに記入したもの

	支援が必要な人	支援者
	(子ども) ・ 保護者	(保護者) ・ 保育者
タイプ	(内向タイプ) ・ 外向タイプ	内向タイプ ・ (外向タイプ)
苦手・課題	話がゆっくり。マイペース。	子どものペースに合わせられない（忙しい）。子どものやることを先回りしてやってしまう。
支援かかわり方		子どもが自分でやっているときは待ってあげる。「早く」を言わないようにしてみる。

参加者の感想

※著者が実際に研修を行った際の受講者の声です。

- 自分の傾向が整理されたので、日ごろのコミュニケーションで意識すべきことが理解できました。

- なんとなく話しにくい保護者とはタイプの違いが原因だとわかりました。相手のタイプに合わせて、良いコミュニケーションがとれるようにしたいと思います。

- アドバイスをしないということが難しいと思いましたが、相談する方になると話を丁寧に聞いてもらうことで答えが見えてくる経験もできました。答えはその人の中にあるということが実感できました。

- スキルも大切だけれど、やはり相手を理解したいという思いがそこにある……そのことを忘れないようにしたいと思いました。

Step 9 ケーススタディで支援法を見出す

インシデントプロセス法を実践で学ぶ

子どもの支援について学んでも、保育者が自分1人の理解で行っていると、はたしてこれでよいのか不安になります。今回は、園内で課題を共有し検討しながら支援を導き出すケーススタディについて学びましょう。

研修を積み重ねて、実践的に子どもの支援に取り組めるようになってきました。しかし、理解が進んだからこそ、**一人一人のケースに応じて、適切に支援できているのか、不安になります。**

それは、だれもが感じることです。では、さらに学びのステップを上げていきましょう。今まで得てきた知識を、実際の子どもに応じて適切に生かす必要があります。そしてそれを、みんなで検討し、共有し合うことが大事です。

具体的にはどうするのですか？

ケーススタディですね。1つの事例を、みんなで分析し、ディスカッションして適切な支援方法を見出すのです。

ちょっと緊張しますね。

大丈夫ですよ。ケーススタディでまず大切なのは、温かい雰囲気の中で、前向きに、検討し合うことですから。

温かく、前向きにですか？

そうです、ケーススタディをやることにより、支援者側がみんなに支えられている、味方がいる、また明日から頑張れると感じられることが重要なのです。支援方法を見出すことと同じくらい、いやそれ以上に大切な視点だと思います。

わかりました。実際の研修を進めるときにも、その点を大切に実施したいと思います。

Step 9　ケーススタディで支援法を見出す

これだけは知っておこう！　ケーススタディの基本

このStepでは、園で行うケーススタディについて学びます。そこで研修に入る前に、ケーススタディの基本を確認しておきましょう。

ケーススタディとは

ケーススタディは「ある具体的な事例について、それを詳しく調べ、分析すること」。多様な子どもたちの発達支援という視点で考えると、「子どもが起こす困った行動の原因を考え、その背景にある理由を検討し、それに対して適切な支援を発見する方法」といえます。

●ケーススタディの目的

主に、以下3つの視点での目的があると考えられます。
1．知識を生かして、実践的な学びをする　→　実践能力の向上を図る
　→ 保育・支援者スキルアップ＝自分のため
2．支援者や保護者と学びを共有する　→　実践の共有を図る
　→ 参加する人・子どもにかかわる人の役に立つ＝関係者のため
3．子どもの発達を促進する方法を探る　→　効果的な方法を見出す
　→ 子どもが発達する・生活に役立つ＝子どものため

具体的には、
●現実に起こった出来事やトラブルに対して、知識や技術を生かして解決できる
●その方法を支援者同士が共有して、子どもに対応できる
という点で、有効なものだといえます。

●ケーススタディの進め方

ケーススタディは基本的に以下のようなプロセスをたどります。
1．ケースの状況と問題を把握する
2．ケースの背景・問題の原因を検討する
3．問題解決の方策を検討する
4．具体的な支援方法を決定する

しかし、ケーススタディの進め方に決まった形があるわけではなく、検討するケースの内容、物理的な条件（時間・参加者の人数・場所など）によりさまざまな方法があります。

インシデントプロセス法を実践で学ぶ

インシデントプロセス法

　ケーススタディにはさまざまな方法がありますが、今回の研修では、インシデントプロセス法を取り上げます。インシデントプロセス法は、**参加者全員が支援の当事者として主体的に取り組み、共有体験として解決策を検討するもの**で、検討後、参加者の実践的な支援に結び付きやすい方法です。また、批判的なディスカッションになりにくく、前向きに検討し合えるというのも特徴です。さらに、ケースの資料が少なくて済むため、ケース提供者の負担が少ないというメリットもあり、園でのケース検討会などには、とても適した方法です。

●インシデントプロセス法の進め方　　※事前にケース提供者（発表者）と、全体の司会・書記を決めておく。

1．ケース紹介
　①発表者が5分程度でケースの紹介（年齢・発達の状況・特徴的な行動・現在の問題点・発表者の願いなど）を口頭で行う。※資料は新たに作成しなくてもよい。日ごろの保育記録などを参考に行う。
　②書記は紹介の内容を記録する。

2．質疑応答（発表者への質問） ※検討するうえで足りない情報を参加者が得るために行う。
　①司会者は以下の留意点を参加者に伝える。
　　・簡潔に具体的に質問する　　・全員が質問をできるように配慮する
　　・重複した質問は避ける　　　・回答中に割り込んで質問をしない
　②参加者が発表者に質問。その際、問題解決に必要だと思える質問内容にする。
　③発表者は質問に対して、事実を簡潔に回答する。

3．グループ討議（支援法について話し合う）
　①3〜5人のグループに分かれ、グループごとに司会、書記を決める。
　②参加者は、自分の考えた支援方法や意見を発表。具体的な支援方法を意見として述べる。書記は、グループ内での話し合いを発表できるように記録する。
　　※その支援が可能か有効かということより、こういう方法もあると提案する視点でよい。問題の分析よりも、支援方法を1つでも多く話し合い、より多くの方法、アイディアが出ることが望ましい。

4．発　表
　①グループごとに話し合った内容を、各グループの書記が発表する。
　②他グループの内容を参考にしながら、支援方法を整理する。

5．支援法の決定・感想
　①発表者が明日から使えると考えられる支援方法を選択して発表する。また、今回のケーススタディで感じたこと、新しく発見したことなど感想を述べる。
　②参加者も感想を述べる。

Step 9 ケーススタディで支援法を見出す

研修 インシデントプロセス法を実践で学ぶ

プログラム

1. イントロダクション／インシデントプロセス法とは	5分
2. スタディ1／ケース紹介	5分
3. スタディ2／質疑応答（発表者への質問）	10分
4. スタディ3／グループ討議	20分
5. スタディ4／発表	15分
6. スタディ5／支援方法の決定	15分
7. まとめ・振り返り	5分

所要時間 **75分**

用意する物・配付資料 3枚

CD 09-01 配付資料①
CD 09-02 配付資料②
CD 09-03 配付資料③

※配付資料は付録のCD-ROMにデータが収録されています。

1 イントロダクション／インシデントプロセス法とは　5分

※インシデントプロセス法の進め方を学ぶことを目的の一つとしている場合、配付資料にある基本的な進め方を一通り見て、確認してから実際のケーススタディを行うようにしましょう。

今回の研修では、今まで学んできたことを生かして、意見交換をしながら、支援の具体的な方法を探っていきます。ケーススタディといって、一般的には、ある事例について詳しく調べ、分析することですが、多様な子どもたちの発達支援としては、「子どもの困った行動の原因を考え、その背景・理由を検討し適切な支援を発見する方法」と考えます。

今回は、このケーススタディを、「インシデントプロセス法」という方法を使って行います。この方法は、参加者全員が当事者の立場になり、具体的なアイディアを出し合うことを大切にしています。原因を探るというより、明日から行える実践的な支援方法を前向きに話し合うというのが特徴です。

配付資料①に、インシデントプロセス法の進め方を載せてありますので、そちらも参考にしてください。

インシデントプロセス法を実践で学ぶ

事前の準備としては、事例を提供する人・発表者を決めておきます。発表者は事例を紹介する際の資料を、メモ書き程度で構わないので手元に用意しておくと安心です。配付資料①にメモしておくとよい内容を挙げておきましたので、参考にしてください。
また、全体の司会と書記、検討する際の小グループ（3～5人）の編成、小グループの司会と書記をあらかじめ決めておくと、スムーズに進むでしょう。

※園内研修で行う場合は、これらの準備は事前に職員会議などで確認し、役割分担をして、当日に備えるようにするとよいでしょう。

2 スタディ1／ケース紹介　　5分

●進め方
① 全体の司会と、書記を決める。
② ケース提供者（発表者）が5分程度でケースの紹介。
　年齢・発達の状況・特徴的な行動・現在の問題点・発表者の願いなどを口頭で行う。
　※資料は新たに作成しなくてもよい。日ごろの保育記録などを参考に行う。
③ 書記は紹介の内容を記録する。

CD 09-01
配付資料①

では、発表者のAさん、ケースの紹介をお願いします。
※ここでは、講師が全体の司会を担当。発表者はAさん。

A先生のメモ（配付資料①　記入例）

名　前	○○○○	年齢・クラス	5歳3か月（4歳児クラス）
発達の状況 (身体的発達、言葉、理解力、集中力、コミュニケーションなど)	言葉の理解は年相応。状況に応じた行動をとることができる。 注意散漫、集団場面で落ち着きがなく指示が伝わりにくい。 会話はするが、一方的に話す。		
特徴的な行動	車が好きで、多くの車種を覚えて言っている。		
現在の問題点 (困っていること)	集団場面で落ち着いて話が聞けず、指示が入りにくい。 ふざけたり、友達をたたいたり、人の嫌がることを言ったりする。		
願　い (こうなってほしい)	集団場面で落ち着いて話を聞けるようになってほしい。		

※理解を深めるために、以下、インシデントプロセス法の手順に沿って進める過程を、具体的なケースで掲載していきます。実際は、各園のケースを基に行ってください。

A　4歳児クラスの男児、現在5歳3か月です。
言葉の理解は年齢相応です。状況に応じた行動もとれます（理解力について）。ただ、注意が散漫なところがあり、一斉保育など集団場面では落ち着きがなく、指示が伝わりにくいことが多いです（集中力について）。また、言葉でのやり取りは一方的で、自分の言い分を通そうとしてよく友達とトラブルになります（コミュニケーションについて）。

105

Step 9 ケーススタディで支援法を見出す

困っていることは、集団場面で興奮しやすく落ち着いて話が聞けない、指示が入りにくくなる、ふざけたり、友達をたたいたり、人の嫌がることを言ったり、行動のコントロールができなくなることです（問題となる行動について）。

3 スタディ2／質疑応答（発表者への質問） 10分

ありがとうございました。では、Aさんへ質問のある方は、どうぞ。その際、今回の課題を検討するうえで必要と思える内容にしていただくようにお願いします。

CD 09-02
配付資料②

●進め方
① 司会者は以下の留意点を参加者に伝える。
　・簡潔に具体的に質問すること　・全員が質問をできるように配慮すること
　・重複した質問は避けること　・回答中に割り込んで質問をしないこと
② 参加者が発表者に質問。その際、問題解決に必要だと思える質問内容にする。
③ 発表者は質問に対して、事実を簡潔に回答する。

―― 言葉の理解が年齢相応と感じるのは大人と1対1の場面でということですか？

A そうです。1対1で話すとしっかり聞いて、理解できます。

―― 集団場面で落ち着かないということですが、少人数ではどうですか？

A そういえば、グループ単位、6名程度のときは比較的落ち着いて話を聞くことができます。

―― どんな場面でふざけたり、乱暴な行動が出るのですか？

A 製作と、みんなで一斉にあそぶとき、運動のときなどです。

―― それは、苦手な場面と、楽しくて興奮しやすい場面というように思えますが。

A そうですね。製作は不器用なので苦手ですし、そのほかは楽しくなりすぎてということもありますね。あと、外あそびから部屋に戻るときなど、活動の切り替え場面にも見られます。

―― その子の好きなことや、得意なことは何ですか？

A 好きなことは体を動かすあそび、乗り物……特に車が好きで、車種はかなり覚えていますね。得意なことは……運動です。でも、そうした場面で困った行動も出やすくて。お手伝いは好きです。当番もしっかりやっています。

インシデントプロセス法を実践で学ぶ

―― 落ち着いて取り組めているのはどんな場面ですか？

A 好きなミニカーやブロックであそんでいるとき。1人でじっくりとあそんでいます。あと静かな場所で、少人数で絵本を読んでいるときも。

―― 家庭では同じような行動が見られるのですか？

A 家の中ではあまり困らないそうですが、人がたくさんいる場所では興奮しやすくて、しかることが多いとお母様もおっしゃっています。

質問と回答では、原則として推測や意見は言わないのがポイントです。支援を考えるのに必要な情報を集めるためのものという意識が大切です。園での支援を考えるための情報収集ですから、家庭での状況や保護者の対応などについては、必要最小限にとどめましょう。

4 スタディ3／グループ討議　20分

●進め方
① グループごとに司会と書記を決める。
② 書記は、グループ内での話し合いを発表できるように記録する。
③ 参加者は、自分の考えた支援法や意見を発表。具体的な支援方法を意見として述べる。
※その支援が可能か、有効かということより、こういう支援方法もあるという提案の視点でよい。より多くの方法・アイディアが出ることが望ましい。

CD 09-02
配付資料②

では次に、3～5人のグループに分かれて、支援方法について話し合いましょう。その際、「意見に対して必ず肯定的な反応を返す」「発表者は否定的なことは言わない」「常に温かい雰囲気の中で意見を出し合えるよう留意する」という3点を頭に置いて、各グループでの話し合いを進めてください。

B 落ち着いて過ごせる場面もあるので、それを保育の中でどう生かすかという視点が大切ですね。

C その通りですね。
（出された意見に対しては必ず肯定、承認の言葉で返す）

D 興奮しやすい場面と、落ち着いている場面をうまく組み合わせて保育を設定していくというのがいいと思います。例えば、活動性の高いあそびの途中でお当番を入れるとか。

※左記は発表者Aさんのいるグループでの討議内容。
司会者＝Bさん
書記＝Cさん

Step 9 ケーススタディで支援法を見出す

A なるほど。動と静を組み合わせる感じですね。
　　（すでに行っていることでも「もうやってます」などと否定しない）

B 切り替えのときも、その子だけ少し早めに声をかけて、みんなと一緒に切り替える場面を避けるのもいいと思います。

D ちょっとずらすというのはいいアイディアですね。

C 苦手な製作では、保育者ができるだけそばにつけるといいですね。
　　（物理的に難しいと考えられることでも、否定せずに進めていく）

B そばに保育者がいれば、安心だし、すぐに援助も求められますね。

D 難しいところは、どんどん手伝っていいと思いますよ。

C 手先の不器用さに対しては、あそびの中で練習することにする……これも研修で学びましたね。

B そうですね。困った行動を起こすのを防ぐことの方が大切ですね。

A 苦手なことも、みんなと同じにやらせなきゃと思っていたけど、そうですね。手伝ってしまえばいいですよね。少し気が楽になりました。

C 小グループの活動を増やすとよいかも。製作も、人数によって落ち着き方が違うということなら、小グループで順番に取り組んでみるとか。

A なるほど。刺激の調整ですね。

D 一斉の場面で話を聞くのが難しいみたいだけど、絵本が好きなら、言葉だけでなく見てわかるもの……絵などを示しながらするとか？

B これも研修で学んだ構造化……視覚的手がかりですね。

C うちのクラスも視覚的な支援を入れたら、子どもたちの話を聞く態度が変わった気がします。

D C先生の使っているその視覚的支援を、コピーするか、貸してあげるかしたら？

A 使ってよかったと思うものを貸してもらえると助かります。

B そうそう、良いものはみんなでシェアしましょう。

A あとは、乱暴な行動が出たときにどう対応すればいいのでしょう？　やはりしっかりしかった方がいいのでしょうか？

C わたしもそこはいつも迷うけど……しかるとさらに興奮するような気がするので、静かな場所で落ち着くことを優先しています。

D 気持ちを切り替えることは大事かな。その後、子どものイライラした思いはくんで、「○○って言えたらよかったね」とか、肯定的に伝えるといいかなと思います。

B 危ない行動は止める必要があるけど不適切な行動には注目せずという原則。**A**先生は、この不適切な行動に注目せず、常に肯定的に支援しているから、あとは場所の移動を工夫するといいかもしれませんね。

A そうですね、本人も落ち着くと「さっきはごめん」と言えることもあるので、静かな場所でまずは気持ちを落ち着けることを考えます。

5 スタディ4／発表　　15分

どうですか？　話し合いで深められましたか？　では、グループごとに話し合った内容を発表してもらいましょう。

●進め方
① グループごとに話し合った内容を、各グループの書記が発表する。
② 他グループの発表を参考にしながら、個々または全体で支援方法を整理する。

CD 09-02
配付資料②

C わたしたちのグループでは
- 興奮しやすいあそびや場面で、当番活動や静かなあそびを中間に入れて、動と静を組み合わせ興奮しすぎない設定をすること
- 場面の切り替え時は、その子にだけ早めに声をかけて、みんなと時間をずらして誘導すること
- 製作では、難しいところをさりげなく大人が手伝ってしまうこと
- 小グループでの活動を増やして、視覚的支援も取り入れながら、みんなと落ち着いて活動できた体験を保障すること
- 乱暴な行動が出たら静かな場所に誘導して、気持ちを落ち着かせる。そして落ち着いたら、そのときの行動を肯定的にアドバイスする

という支援方法が話し合われました。

6 スタディ5／支援方法の決定　　15分

いろいろな意見が出されて、**A**さんだけでなく、皆さんそれぞれに参考になることがたくさんあったと思います。出されたアイディアの中には、今まで研修で学んだことも多く、研修が実践に生かされていることを感じました。

Step 9 ケーススタディで支援法を見出す

では、検討を終えて、A先生が明日から○○君への支援をどのように考えているか、発表してください。

CD 09-03
配付資料③

●進め方
① 支援方法を選択して発表する。
② そのほか、今回のケーススタディでの感想を述べる。

A 皆さんからいただいたアイディアは、どれも明日から使えそうなものばかりで、大変参考になりました。特に、興奮がピークに達する前に早めに静の活動に促してみるというのは、すぐに取り入れようと思います。また、クラスみんなに向けて話をする際に視覚的手がかりを入れるのも、すでに支援をしている先生から教材やアドバイスをいただきながら実施していきます。小グループの活動も意識的に増やしていこうと思います。

そうですね。取り入れられそうなことからすぐに始めてみるといいですね。では、最後にAさん、今回のケーススタディでの感想をお聞かせください。感じたことや、新たな発見など、なんでも結構です。

A はい。皆さんが、同じ立場で支援を考えてくれてとても温かい気持ちになって。1人じゃないと感じました。できるだけ肯定的に子どもを受け止め、しからずに支援していく方向性を見いだすことができて、わたしのやってきたことが、間違っていなかったと確認できたのがうれしかったです。

7 まとめ・振り返り　5分

ケーススタディをすることで、実践に即した支援方法を学ぶことができます。2人いれば、もうそこでケーススタディはできます。こんなとき支援はどうすればいいの？……と、答えは出なくてもいいので、まず話してみましょう。自分の気持ちや考えを話すことで、また人の意見を聞くことで、新たな気づきや発見があるはずです。
それでは最後に、皆さんの感想もお聞きしたいと思います。

参加者の感想
※著者が実際に研修を行った際の受講者の声です。

- すべての意見が尊重されていて、安心して自分の考えを言うことができました。
- わたしは、自分の意見を言うのが苦手でしたが、今回は安心して意見を言うことができました。
- 準備もいらず、短時間でもできる方法だと聞いて、構えずに時間があったらケーススタディをしてみたいと思いました。
- いろいろな考えにふれることで自分の支援の引き出しが増えました。

Step 10 個別の支援とクラス運営

多様な子どもたちのいるクラスの計画立案

さあ、いよいよ最終回です。
ここでは子どもの支援を関係者で共有していく方法として、個別の支援計画の記録とクラス運営について、実際に生かせる研修をしていきましょう。

> 子どものとらえ方、支援の仕方が理解されてきて保育に自信が出てきました。
> ただ、多くの子どもたちと一緒に過ごす中で、どうしてもその子どもだけの支援を考えてもうまくいかないことがあり、理解が進めば進むほど、支援したいけどできない歯がゆさが生まれます。

> そうですね。具体的な方法が見えているのに、物理的に支援が難しいという状況がありますね。子どもの支援を共有することも大切なので、最後の研修では、個別支援計画について、実際に記録しながら学びましょう。また、クラス運営についても参加者でディスカッションしてみましょう。

> 園内での連携が大事ですね。

> そうです。この研修でも、参加した先生方が自分の考えや意見をシェアすることが大切です。温かいクラス運営は、子ども同士が自然に支え合うということが不可欠なので、研修でも「支え合う・シェアする」ことを意識して進めてみましょう。

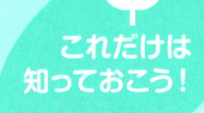

Step 10 個別の支援とクラス運営

これだけは知っておこう！ 個別の支援計画とクラス保育

園の保育では、子ども一人一人をとらえながらもクラス集団を育てていくという個と集団の支援が求められます。そのヒントとして個別の支援計画とクラス運営について、確認しておきましょう。

個別の支援計画

個別の支援計画は、医療・教育・福祉など子どもを取り巻く関係機関が連携し、乳幼児期から学校卒業後までのライフステージに応じた支援をつないでいくための長期的な計画です。

園では、特別な支援を要する子どもに対して、個別の指導計画を立てることがありますが、この指導計画が、園の中で子どもをいかに導くかという視点が主となる一方、支援計画は、「この支援の内容が家庭でも生かされるか？ 将来学校でも活用できるか？」という視点が入ってきます。つまり、継続的な連携・共有化の視点です。保育および幼児教育の現場で、こうした支援計画を作成するのは難しいと思いますが、この連携の視点をもって子どもの支援を考えることは大切です。

> **個別の支援計画とは**
> 乳幼児期から学校卒業後までの長期的な視点に立って、医療、保健、福祉、教育、労働等の関係機関が連携して、障害のある子ども一人一人のニーズに対応した支援を効果的に実施するための計画。
>
> **個別の指導計画とは**
> 指導を行うためのきめ細かい計画で、幼児児童生徒一人一人のニーズに対応して、指導目標や指導内容・方法を盛り込んだ指導計画。
>
> （文部科学省ホームページより）

なお、いわゆる個別の支援計画は長期的な計画ですが、園で活用することを考えると、2〜3か月程度の期間で立案・実施できる短期的支援計画がよいでしょう。

●短期的支援計画の構成

1. その子どもを理解するための情報
2. 保護者の希望
3. 子どもの状態と保護者の希望に応じた目標 　→ 子どもの状態・目標の共有化
4. 子どもの状態に応じた支援方法 　→ 一貫した支援方法の実施
5. 支援方法と結果についての評価 　→ 支援の振り返り

●記入における大切な視点

計画を作成しても、実際に日々の保育に活用されなければ意味がありません。活用される計画とするためには、
- ●初めてかかわる人でもその子どもに適切な対応ができるようなことを書く。
- ●今、ある問題について、優先順位をつけて端的に書く。

多様な子どもたちのいるクラスの計画立案

この2つが重要です。たくさん書かなくてもよいのです。また、短期間で解決できる内容だと意欲的に取り組めるでしょう。
　以上を踏まえ本研修では、園で活用できる個別の支援計画の書式案を紹介します。この書式の利点は短期間の見通しで立案、評価ができるため、保育者の負担が少なく、また実際の保育に活用しやすくなっていることです。

クラス運営とユニバーサルデザイン

　多様な子どもたちへの支援も含めたクラス運営を考えるには、日ごろの保育のあり方を検討する必要があります。そのうえで、障がいの有無にかかわらず、すべての子どもに必要な保育を考えましょう。

●さまざまな保育形態

- ●個別保育…子どもの発達特性に特化した個別の支援
  例）大人と1対1・集団から離れて保育する（取り出し保育）、集団の中での個別支援（場を共有して個別支援をする）
- ●グループ保育…5、6名程度の集団で行う保育
  例）健常な子どもと特別な支援が必要な子どもの組み合わせ、特別な支援が必要な子どもだけの組み合わせ
- ●集団保育…10人以上の大きな集団での保育
  例）同年齢集団（クラス）保育、異年齢集団での保育

　ひと口に保育といっても、さまざまな形態がありますね。個々のニーズに応じた保育をするためには、これらの保育形態をいくつか組み合わせていく必要があります。各現場の条件が違うので、柔軟に検討しましょう。

●ユニバーサルデザインの保育を

　「個別的配慮」＝「オーダーメイド的な対応」をするためには、保育の形態を考えるだけでは不十分。「個別的配慮」には、母集団となるすべての子どもへの保育が安定していることが重要になります。
　個別的配慮の必要な子どもが母集団の保育に支えられるためには、クラスの適切な保育環境が必要で、また、クラスの保育や環境を支える園全体の保育や環境が必要です。こうした、すべての子どもたちに対応した保育をクラスそして園全体に広げていくことを「ユニバーサルデザイン」と定義しましょう。「障がいのある子どもにもない子どもにも過ごしやすい保育をつくる」という発想です。

個別支援／クラス保育／クラス環境　園全体の保育

Step 10 個別の支援とクラス運営

研修　多様な子どもたちのいるクラスの計画立案

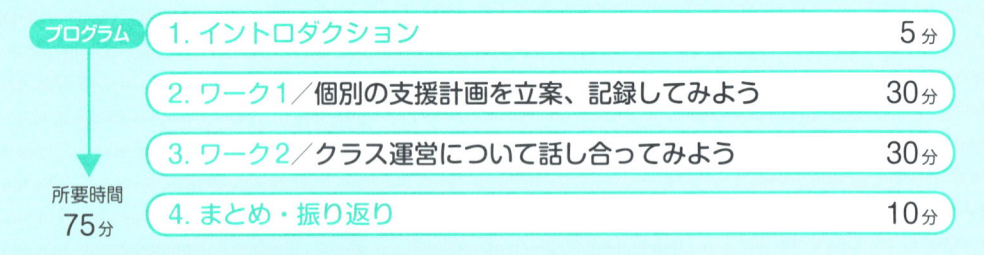

プログラム
1. イントロダクション　　　　　　　　　　　　　　　　5分
2. ワーク1／個別の支援計画を立案、記録してみよう　　30分
3. ワーク2／クラス運営について話し合ってみよう　　　30分
4. まとめ・振り返り　　　　　　　　　　　　　　　　10分

所要時間 75分

用意する物　・配付資料 6枚

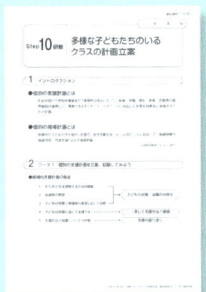

CD 10-01 配付資料①
CD 10-02 配付資料②
CD 10-03 配付資料③
CD 10-04 配付資料④
CD 10-05 配付資料⑤
CD 10-06 配付資料⑥

※配付資料は付録のCD-ROMにデータが収録されています。
※配付資料②は、書き込み可能なWord文書も収録されています。実際に個別の支援計画を立てる際にご活用ください。

1 イントロダクション　5分

※今回紹介する書式は、文部科学省が定義しているような長期的な計画ではありません。参加者の理解度に合わせ、一般的な個別支援計画の定義や個別の指導計画との違いを配付資料①を基に、説明しておきましょう。

※短期間の計画の中でも、ほかの生活場面や将来の教育場面で役立つか、という視点が大切なことを伝えておきましょう。

この研修では、特別な支援が必要な子どものいるクラスの担任であることを想定して、個別の支援計画とクラス運営を考えながらのデイリープログラムの立案を行っていきます。

いわゆる個別の支援計画は、配付資料①にもある通り、医療・教育・福祉など子どもを取り巻く関係機関が連携し、乳幼児期から学校卒業後までライフステージに応じた支援をつないでいくためのもので、長期的な計画となっています。しかし、保育園・幼稚園現場で活用することを考えると、2～3か月程度で立案・実施・評価のできるものがよいでしょう。そこで今回は、短期間の見通しで、立案、評価ができる書式を紹介します。

また、デイリープログラムについては、グループワークで行います。いろいろ

多様な子どもたちのいるクラスの計画立案

な方の意見を聞きながら日案を立てることはあまりないと思うので、よい機会になると思います。

2 ワーク1／個別の支援計画を立案、記録してみよう　30分

今回作成する支援計画は、プロフィールと支援計画の2本立てになっています。子どもの支援を行うためには、まず次の3つを明確にしておくことが必要で、これらをプロフィールとして記入することにします。

1. その子どもを理解するための情報
2. 保護者の希望
3. 子どもの状態と保護者の希望に応じた目標

→ 子どもの状態・目標の共有化

CD 10-01
配付資料①

では、特別な支援の必要な子ども1人を想定して、プロフィールから記入していきましょう。子どもに合った支援計画の立案とともに、その支援を周囲の大人が共有することが大切です。それを読めば初めてかかわる人でもその子どものことがわかり、適切に対応できるような記入の仕方を心がけましょう。たくさん書く必要はありません。大切な情報を端的に記入するようにしてください。

プロフィール（配付資料②　記入例）

名　前 年　齢	○○　○○ 平成○年○月○日生まれ 5歳4か月	診　断	あり　・　なし （診断名　　　　　　　　　）
支援を要する 発達特性	こだわり…急な予定変更に弱い。 聴覚の過敏さと偏食が強い。 要求はできるが、「いや」と言えない。 手助けを求めることができない。 体の動かし方がぎごちなく、着替えなど時間がかかる。	長所 得意 興味	まじめ　ルールを守る 優しい　我慢強い 見て理解する力が強い 本を読むことが好き 絵をかくことが好き
保護者の願い	安心できる環境で体験を増やしたい。 「いや」、「てつだって」を言えるようになってほしい。		
必要な支援	保育室の環境調整を低刺激にする。 本人が安心できる場所の確保（リソーススペース）。 コミュニケーションカード…「できません」「手伝ってください」の活用。		

Step 10 個別の支援とクラス運営

なお、配付資料③として、ヒントシートを用意しました。書く内容に困ったとき、参考にしてください。

CD 10-03 配付資料③

●(個別の支援計画)プロフィール ＜記入のヒント＞

書くことに迷った際の、参考にしてください。「保護者の願い」については、日ごろの会話や個人面談などで把握した内容を記入してください。

支援を要する発達特性	○○にこだわりがある 感覚過敏　パニックを起こす 不安が強い　自分視点が強い 集団行動が苦手 コミュニケーションが苦手 頑固　衝動性　不注意　多動 集中の持続が困難 理解がゆっくり 記憶の偏りがある 不器用　運動が苦手	長所 得意 興味	まじめ　我慢強い　協調的 積極的　明るい 落ち着いている　慎重 打たれ強い 見て理解する力が強い 器用　物知り　面倒見がいい 優しい　正義感が強い 絵をかくこと　本を読むこと 料理　工作　音楽 あそび (けん玉・パズル・ブロックなど) ○○について詳しい ○○(キャラクター)が好き
保護者の願い	・安心できる環境で体験を増やしたい ・要求を言葉で伝えられるようになってほしい ・自分で着替えができるようになってほしい		
必要な支援	・保育環境の整備 ・スケジュールや視覚的手がかりの導入 ・言葉以外のコミュニケーション方法の工夫（絵カードなど） ・安心できる場所の確保 ・取り出し保育の設定 ・運動あそび　手先の巧緻性を向上させるあそびの導入		

プロフィールには、気がかりなこと、困っていることだけでなく、その子の長所や得意、興味を書くことがとても大切です。これは、その後の支援方法を考えるうえで、大いに役立ちます。

多様な子どもたちのいるクラスの計画立案

では、次に支援計画を書いてみましょう。せっかく作成しても活用されない計画では意味がないので、今支援できることを、優先順位をつけて記録していきましょう。記入する際のポイントが配付資料②にありますので確認してください。

●**個別の支援計画**
　○プロフィール・支援計画とも、たくさん書かない。現状を端的に記入する。
　○支援計画の「現在の状況」については、優先順位をつけて、1項目だけ記入。複数の支援を行う場合は、項目ごとに分けて記入する。
　○支援計画は2か月程度で評価し、次のプランへ移行することを基本とする。

CD 10-02
配付資料②

支援計画（配付資料②　記入例）　— 2か月程度で支援を評価できる内容にする —

現在の状況	一斉活動のときに、泣き出すもしくは部屋から出て行こうとする。
アセスメント	言葉で理解すること、言葉で表現することが苦手。 行動を計画することが苦手で見通しがもてない。
目　標	活動の見通しをもって一斉活動に参加できる（短時間でよい）。 やりたくないときは意思表示ができる。
支援方法	言葉の指示は簡潔に、ゆっくり、はっきり伝える。 一度で理解できない場合は指示を繰り返す。 集団場面での指示は、個別にもう一度伝え直す。 活動の手順など見てわかる支援を使う。 絵カードなどを使い、表出しやすいコミュニケーション方法を工夫する。
結　果	

※結果の欄は、支援を実施し2か月後くらいで評価をする際に記入します。今回の研修ではこの欄は使いません。

また、こちらもヒントシート（配付資料④）を付けておきました。アセスメントと支援方法欄について、いくつかの視点別に文章例を挙げてあります。書くことに迷ったときは参考にしてみてください。
この支援計画が達成されると、家庭や将来的には学校など、そのほかの生活場面でも生かせるスキルが身につくと考えられます。

Step 10 個別の支援とクラス運営

●(個別の支援計画)アセスメントと支援方法 <記入のヒント>

配付資料④

整理しやすいよう、それぞれ「言葉・記憶」「注意・集中」「感覚・身体機能」「思考」「気分・感情の波」「社会性」の項目別に記入例を挙げてあります。
書くことに迷った際の参考にしてください。

	アセスメント	支援方法
言葉・記憶	・言葉で理解することが苦手 ・言葉で表現することが苦手 ・2つ以上の指示は覚えられない ・覚えても忘れてしまう	・言葉の指示は簡潔に、ゆっくり、はっきり伝える ・一度で理解できない場合は指示を繰り返す ・集団場面での指示は、個別に伝え直す ・絵カードなどを使い、表出しやすいコミュニケーション方法を工夫する ・覚えられない、忘れてしまうときは、見てわかる支援を補助的に使う
注意・集中	・注意や集中の持続が難しい ・好きなことには集中しすぎてしまう	・注意を向けてから話しかける ・見てわかる支援を入れて注目しやすくする ・興味のある活動を工夫して集中の持続を促す ・事前の約束やタイマーを活用して、気持ちの切り替えを促す
感覚・身体機能	・模倣や動作で表現することが苦手 ・ボディイメージが確立されていない ・固有覚と前庭覚が感じにくい ・感覚欲求が満たされずじっとしていられない	・1つずつモデルを示して理解を促す ・体の部位の感覚をしっかり感じられるような運動を行う ・活動中、合理的な方法で体を動かせるように支援する
思考	・行動を計画することが苦手で見通しがもてない ・臨機応変に対応する力が弱い ・こだわりが強い	・スケジュール表を使う ・活動の手順など見てわかる支援を使う ・部分的に譲れるところを相談する
気分・感情の波	・たくさんの刺激の中だと興奮しやすい ・たくさんの刺激の中だと不安を感じる ・ストレスやイライラを感じやすい	・静かな環境で気持ちを落ち着かせる ・不安が強い場合は安心できる場所で休息する ・苦しいときは大人に伝えるように支援する
社会性	・相手の視点に立てない ・大勢の友達と協調してあそぶのが苦手	・相手の見え方・感じ方を大人が通訳する ・適宜休憩をとるなど、無理のない参加の仕方を支援する

いかがでしょうか。このように子どもの行動や状態の「なぜ？」を考え、それに応じた支援方法を考えるということは、これまでの研修で繰り返し行ってきたので、だいぶ書くことがイメージしやすくなっているのではないでしょうか。実際、皆さんが計画を立案する場合は、個別のファイルに保管するようにしましょう。職場内でケースを共有できますし、一人一人の支援の過程を追って確認することができます

多様な子どもたちのいるクラスの計画立案

3 ワーク2／クラス運営について話し合ってみよう　30分

続いて、グループワークに入ります。5名程度のグループに分かれ、それぞれ司会と書記を決めてください。
話し合うテーマは「○○組のクラス運営について」です。特別な支援が必要な子どもがいるクラスを選択して、そのクラスのデイリープログラムについてみんなで話し合います。
デイリープログラムの構成を検討するにあたり、保育の形態について配付資料⑤で確認しておきましょう。

※計画立案から記入まで、結構時間のかかる課題なので、ワーク1と2は、日を分けて行ってもよいでしょう。

●保育の形態（デイリープログラム記入のヒントに）

1. **個別保育**…子どもの発達特性に特化した個別の支援
   ①大人と1対1・集団と分かれて保育する（取り出し保育）
   ②集団の中での個別支援（場を共有して個別支援をする）
2. **グループ保育**…5、6名程度の集団で行う保育
   ①健常な子どもと特別な支援が必要な子どもの混合グループ
   ②特別な支援が必要な子どものみのグループ
3. **集団保育**…10人以上の大きな集団での保育
   ①同年齢集団での保育
   ②異年齢集団での保育

CD 10-05
配付資料⑤

一人一人のニーズに応じた保育をするためには、これらの保育形態をいくつか組み合わせていく必要があります。それぞれ現場の条件が違うので、柔軟に検討しましょう。

ではさっそくグループ討議に入ります。朝の登園からお昼までの活動を想定して行ってください。
まずクラスの活動の流れを全員で確認した後、各段階において、支援の必要な子どもが、どのような保育形態をとるか、というところを検討し、表（配付資料⑤）に記入していきましょう。あわせて、担任とサブの動きも確認しながら記入しましょう。担任の動きを先に記入すると、無理のないプログラムを作成しやすくなります。
表の下には各項目の記入のヒントが入っているので、参考にしてください。

※支援の必要な子どものいるクラスということで、複数担任もしくは加配の保育者がいるという設定にしています。
※クラスの活動欄については、全グループ同じ形で設定するか、各グループで想定しているクラスの担任に聞いて記入してもらうかなどして、あらかじめ埋めておくとよいでしょう。

Step 10　個別の支援とクラス運営

デイリープログラム（配付資料⑤　記入例）

時間	クラスの活動	担任の動き	サブの動き	支援の必要な子どもの活動
9:00	登園 自由あそび	クラスの登園・自由あそびのサポート	個別保育	登園 自由あそび 1-②　集団の中での個別支援
10:00	一斉保育・製作	製作活動のリーダー クラス全体のサポート	個別保育	製作 1-①　大人と1対1・集団と分かれて保育
10:30	一斉保育・体育	体育活動のリーダー	グループ保育 一斉保育の中で部分的にグループ指導を行う	体育 2-①　健常な子どもと本児の組み合わせ
11:00	自由あそび・異年齢集団での保育	異年齢保育のサポート	異年齢保育のサポート	自由あそび 3-②　異年齢集団での保育
11:30	給食準備	クラスの給食準備のサポート	グループ保育 （他クラスの支援の必要な子と合同で）	課題学習 2-②　特別な支援の必要な子どものみのグループ保育

いかがでしたか？　日ごろデイリープログラムを立てる際にグループで話し合うようなことはあまりないと思います。いろいろな意見を聞くことができて、よい機会になったのではないでしょうか。このようにクラス全体の保育の流れに沿って、個人がどのように活動するかを表にしてみると、各保育者の動きも明確になりますし、今まで見えなかったことに気づくこともあります。例えば、午前中すべて集団から分かれて保育をしていた子どもについて、あらためて確認してみたら、「この活動の間だけはクラス集団での保育に参加できるな」とわかった、ということもあると思います。

4　まとめ・振り返り　　10分

個別の支援計画の作成と、デイリープログラムを検討することで個別の支援の理解と、それをクラスの中で反映させて保育することの理解が進んだと思います。
このような保育、クラス運営をするうえで大切なのはクラスの「温かい雰囲気」

多様な子どもたちのいるクラスの計画立案

です。この雰囲気をつくるためには、保育者が子どもの良いモデルになることが必要です。
いつでも、穏やかで、温かい子どもたちへのかかわりをしていきましょう。
最後に、温かい雰囲気づくりをするためのエピソードをご紹介します。

> ある園の5歳児クラスでは、相手が傷つくような言葉「ちくちく言葉」が飛び交っていました。そこで、「ちくちく言葉」と「ふわふわ言葉（相手の気持ちが温かくなるような言葉）」を伝え、「ふわふわ言葉」を使うクラスになろうと担任が提案しました。そのうえで、きれいな透明な瓶と、ビー玉をたくさん用意し「ふわふわ言葉を言った子にはこのビー玉をあげます。ビー玉をもらった子はきれいな瓶にビー玉をためてね。良い行動の貯金だよ。全部たまったら、園長先生に給食を一緒に食べてもらおう。ほめてもらおう」と伝えました。すると、すぐに子どもたちが「ふわふわ言葉」を使い始め、そのたびにビー玉をうれしそうに瓶に入れるようになりました。瓶はあっという間にビー玉でいっぱいになり、園長先生からたくさんほめてもらい、給食を一緒に食べました。「ちくちく言葉」はすっかり消えてクラスが温かい雰囲気に包まれるようになったそうです。きらきら光るビー玉のなんときれいなこと。子どもの心を写しているようだと担任は思いました。

これで10回の研修がすべて終了になりますが、最後に確認してほしいのは、違いを認め合うことと、クラス全体に温かい雰囲気をつくること、すべての子どもの心をはぐくむことがクラス運営のベースになるということです。そのためには、保育をする大人が子どもたちの違いを尊重しながら、「みんな違ってみんないい」を体現していくことなのだと思います。

参加者の感想
※著者が実際に研修を行った際の受講者の声です。

- 「みんな違ってみんないい」と思いながら、保育の中では、なるべく一緒にさせたいという思いが強くあります。それぞれの特性に合わせて保育することこそ、今、求められているのだと思いました。
- 個別の支援計画を、ヒントがなくても書けるようになりたい、学びたいと思いました。
- クラス運営を考える際に、保育の形態のバリエーションを知っていると検討しやすいと思いました。園全体で支え合いながら、保育をしていきたいと思いました。

付録CD-ROMをご使用になる前に

動作環境
OS：Windows Vista、Windows 7、Windows 8
※Macintoshではご利用になれません。

ドライブ：
CD-ROMの読み込みが可能なドライブが必要です。

アプリケーション：
bmp形式、jpg形式、png形式、pdf形式のデータが扱えるアプリケーションソフト
Microsoft Office Word 2007/2010
Adobe Reader 7.0以上

使用許諾と禁止事項
- 弊社は、本CD-ROMに収録されているデータのすべての著作権を管理しています。
- 本CD-ROMに収録されたデータは、購入された個人、法人、団体が私的範囲および施設範囲内で、営利目的以外で自由にお使いいただけます。
- 園児などの募集、園（施設、団体）のPR、販売を目的とした出版物・研修会、私的および施設範囲を超えた出版物・研修会、ホームページなどのすべてのウェブサイトにはご使用いただけません。
- 使用権者であっても、本CD-ROMに収録されているデータを複製したものを、転載貸与、販売、賃貸、頒布することを禁止します。
- 本CD-ROMは図書館およびそれに準ずる施設において、館外へ貸し出すことはできません。

注意
- 本CD-ROMに収録されているデジタルコンテンツをお使いの際、パソコンについての基礎知識、Windows OSおよびWordの基本操作は、それぞれの解説書をご覧ください。
  ※Microsoft、Windows、Wordは米国Microsoft Corporationの米国およびその他の国における登録商標です。
  ※Adobe Readerは、Adobe Systems incorporatedの登録商標です。
  ※本文中では®マークおよび™マークは省略しております。
- CD-ROMを取り扱う際には、細心の注意を払ってください。傷が付いたりすると、データが読み取れなくなることがあります。
- CD-ROMはパソコンのCD-ROMドライブのトレイに正しくセットし、各パソコンの操作方法に従ってください。正しく載せなかったり、強い力でねじ込んだりすると、CD-ROMが壊れる場合があります。
- 本CD-ROMをご利用になったことにより発生した直接的、間接的または波及効果によるいかなる損害に対して弊社および著作者は、一切の責任を負わないものとします。

CD-ROMの構成

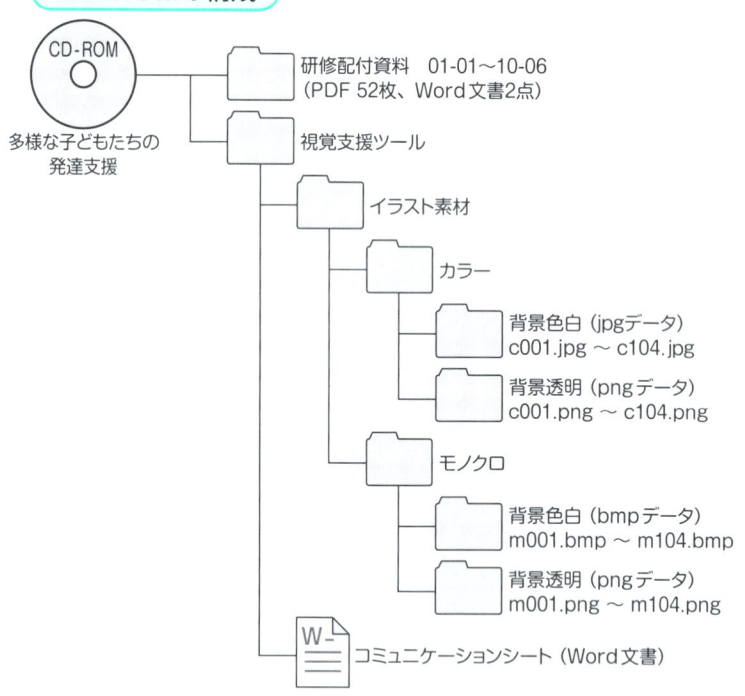

CD-ROM 多様な子どもたちの発達支援
- 研修配付資料 01-01～10-06（PDF 52枚、Word文書2点）
- 視覚支援ツール
  - イラスト素材
    - カラー
      - 背景色白（jpgデータ）c001.jpg ～ c104.jpg
      - 背景透明（pngデータ）c001.png ～ c104.png
    - モノクロ
      - 背景色白（bmpデータ）m001.bmp ～ m104.bmp
      - 背景透明（pngデータ）m001.png ～ m104.png
  - コミュニケーションシート（Word文書）

研修配付資料
Step 1～Step 10の研修で使用する配付資料です。
・Step2の「02-03A」「02-03B」のみB4サイズ、そのほかはすべてA4サイズです。
・Step6で使う「就学支援シート」とStep10で使う「個別の支援計画」はWord文書もあるので、パソコン上でテキストを打ち込んで活用することができます。

視覚支援ツール
絵カードや予定表、コミュニケーションツールの作成に使える便利なイラスト素材です。

●イラスト素材
・すべてのイラスト素材は、モノクロ・カラーの両方を収録しています。用途に合わせてご活用ください。
モノクロデータは、実物に近い色に塗ったりする場合に便利です。
・モノクロ・カラーそれぞれについて、背景が白のものと、背景が透明のものを収録しています。背景色が透明なpngデータは、複数のイラストを組み合わせて使うときに便利です。
・10×10cmサイズ以上に拡大すると、画像が粗くなる場合があります。

●コミュニケーションシート
・Word文書にイラスト素材を貼り付けたものです。イラストを差し替えてご活用ください。

絵カード・予定表・コミュニケーションツールに使えるイラスト素材一覧

※ここでは、モノクロ版（m001〜m104）を掲載しています。
※囲み枠は、データ上にはありません。

● 子どもからの発信（気持ち・意思表示）

001 見学する	 002 パスする・拒否	 003 いいよ・肯定	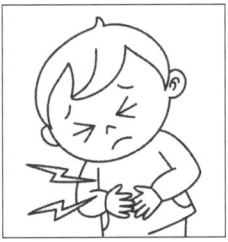 004 おなかが痛い	 005 頭が痛い
 006 うるさい	 007 欲しい	 008 ちょうだい	 009 のどが渇いた	 010 おなかがすいた
 011 イライラする	 012 怒っている	 013 やめて!	 014 うれしい	 015 悲しい
 016 わからない	 017 困った	 018 手伝って・教えて	 019 仲間に入りたい	

● 時計

020 時計（針なし）

時計の針をかき込んで活用してください。

123

● 保育者からの発信（日常の動き・約束）

| 021 がんばる |  022 いいね! | 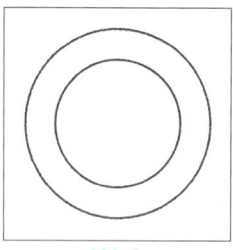 023 ○ | 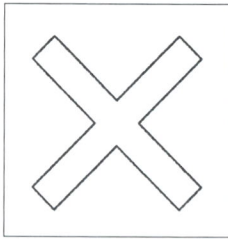 024 × |  025 聞く |

| 026 話す |  027 静かに |  028 いすに座る |  029 床に座る |  030 立つ |

| 031 歩く |  032 走る |  033 保育室に入る |  034 保育室から出る |  035 並ぶ |

● 園の一日（登園～身支度）

| 036 登園・おはよう |  037 靴を入れる | 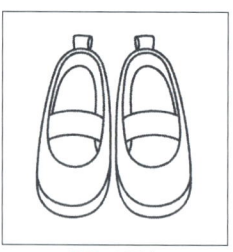 038 上履き |  039 靴下 |  040 靴下を履く／脱ぐ |

| 041 かばん |  042 リュック | 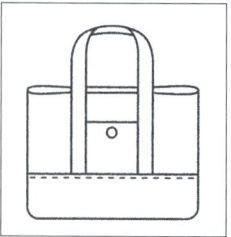 043 手提げかばん | 044 連絡帳 | 045 連絡帳にシールをはる |

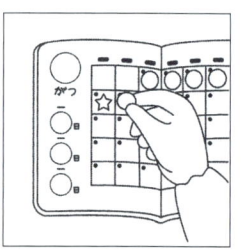

046 タオル 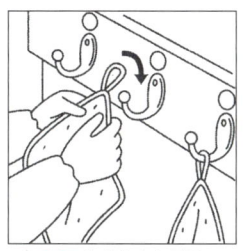　　047 タオルをかける 　　048 上着を脱ぐ／着る 　　049 服を着る／脱ぐ

● 園の一日（あそび・活動）

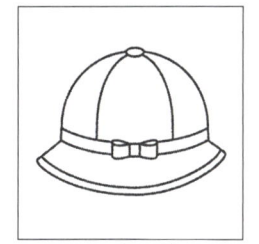

050 帽子(1) 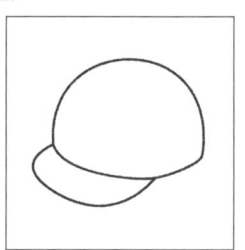　　051 帽子(2) 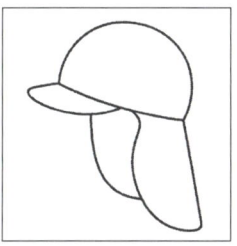　　052 帽子(3)

● 使い方のヒント

書き加える矢印の向きを逆にすると、2通りに使えるものもあります。矢印はプリントアウト後に書き加えても。

脱ぐ　　着る

053 水筒　　054 園庭であそぶ　　055 お散歩

056 プールあそび(1) 　　057 プールあそび(2) 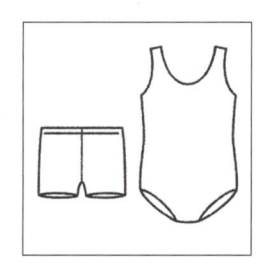　　058 水着 　　059 歌をうたう 　　060 鍵盤ハーモニカ

061 室内あそび 　　062 粘土あそび 　　063 クレヨンあそび 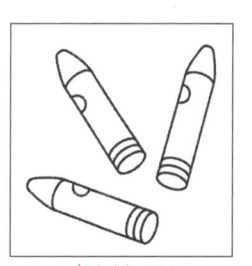　　064 クレヨン 　　065 製作

125

066 はさみ	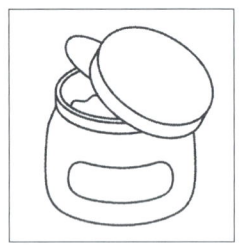 067 のり	 068 ホール	 069 片付け（おもちゃ）	 070 片付け（ごみ）
071 体操	 072 体操着	 073 ダンス	 074 絵本を読む	 075 読み聞かせ

● 園の一日（昼〜午睡・生活習慣）

076 手洗い	 077 手をふく	 078 給食を食べる	 079 弁当を食べる	 080 歯磨き
 081 歯ブラシ	 082 うがい（ガラガラ）	 083 うがい（ブクブク）	 084 コップ	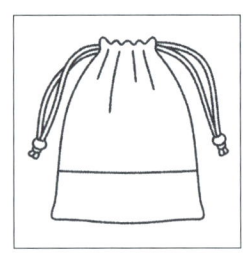 085 きん着袋
 086 ズボンをはく	 087 パジャマ	 088 シャツをズボンに入れる	 089 午睡	 090 おやつ

091 トイレ（男児1） 092 トイレ（男児2） 093 トイレ（女児）

●使い方のヒント

2枚のイラスト（背景色が透明なもの）を組み合わせ、矢印を書き加えて動作を示すイラストに。

コップを袋に入れる

●園の一日（集まり～降園）

094 集まり（いす） 095 集まり（床） 096 降園・さようなら

●園行事

097 身体測定 098 クッキング保育 099 誕生会 100 避難訓練

101 園外保育・バス乗車 102 園外保育・戸外で弁当 103 発表会 104 運動会

●コミュニケーションシート（Word文書）

差し替えたいイラストにカーソルを合わせて右クリックし、「図の変更」を選択すると、ほかのイラストに替えることができます（操作は、お使いのパソコンによって多少異なります）。

127

著者　**藤原里美**（ふじわら　さとみ）

東京都立小児総合医療センター主任技術員、明星大学非常勤講師（障害児保育）、臨床発達心理士、自閉症スペクトラム支援士、早期発達支援コーディネーター、保育士。療育に携わりながら、早期発達支援ができる保育者の育成にも力を注ぐ。発達特性を理解すれば、子どもも保育者ももっと楽になるという思いから、子どもの発達特性に基づいた園現場で実践可能な支援を発信している。

撮影協力・写真提供　あおば保育園　たんぽぽ保育園　西国立保育園　見影橋保育園
石畑保育園　東京都立小児総合医療センター育成科
藤原里美

絵カード素材指導・協力　黒葛真理子（東京都立小児総合医療センター育成科）
津久井順子（石畑保育園）

参考文献
- 『不器用さのある発達障害の子どもたち　運動スキルの支援のためのガイドブック』(2012) 東京書籍　リサ・A・カーツ 著、七木田敦・増田貴人・澤江幸則 監訳、泉流星 訳
- 『気になる子どものできた！が増える　書字指導アラカルト』(2014) 中央法規　笹田哲 著
- 『怠けてなんかない！ゼロシーズン』(2011) 岩崎書店　品川裕香 著、竹田契一 監修
- 『育てにくい子にはわけがある』(2006) 大月書店　木村順 著
- 『脳からわかる発達障害』(2009) 中央法規　鳥居深雪 著
- 『障害児保育ワークブック』(2012) 萌文書林　星山麻木 編著、藤原里美 著
- 『就学支援シート』狛江市教育委員会

Staff

編集 ● 小林留美
カバーデザイン ● 長谷川由美
カバー・本文イラスト ● 長谷川まき
絵カード素材イラスト ● 有栖サチコ
本文デザイン ● 長谷川由美　千葉匠子　hunter（児玉真理　小路純子）
撮影 ● 田辺エリ（学研写真室）
CD-ROMデータ作成 ● 蟻末治
校閲 ● 鷗来堂